教育漫话

英国教育家约翰·洛克谈教育

[英] 约翰·洛克 —— 著

王漾萱 —— 译

辽宁人民出版社

图书在版编目（CIP）数据

教育漫话：英国教育家约翰·洛克谈教育／（英）约翰·洛克著；王潆萱译.—沈阳：辽宁人民出版社，2025.1
（外国名家谈教育）
ISBN 978-7-205-10833-5

Ⅰ.①教… Ⅱ.①约… ②王… Ⅲ.①洛克（Locke, John 1632–1704）—教育思想 Ⅳ.①G40-095.61

中国国家版本馆 CIP 数据核字（2023）第 156863 号

策划人：孔宁

出版发行：辽宁人民出版社
　　　　地址：沈阳市和平区十一纬路 25 号　邮编：110003
　　　　电话：024-23284321（邮　购）　024-23284324（发行部）
　　　　传真：024-23284191（发行部）　024-23284304（办公室）
　　　　http://www.lnpph.com.cn
印　　刷：辽宁新华印务有限公司
幅面尺寸：145mm×210mm
印　　张：6.125
字　　数：150千字
出版时间：2025 年 1 月第 1 版
印刷时间：2025 年 1 月第 1 次印刷
责任编辑：阎伟萍　孙　雯
装帧设计：留白文化
责任校对：吴艳杰
书　　号：ISBN 978-7-205-10833-5
定　　价：58.00元

导　言

约翰·洛克（John Locke,
1632—1704），英国哲学家、教
育家、医学家。出生于英国萨
默塞特郡，毕业于牛津大学，
获文学学士和文学硕士学位，
同时他也对自然科学和医学非
常感兴趣，曾获得医学学士学

◎约翰·洛克

位。1665 年，洛克进入了英国政界，后在多位政要、富商家
中担任家庭教师；1682 年至 1688 年，洛克流亡荷兰，其间一
个亲戚向洛克请教应该如何教育子女。于是，两人开始了长达
数年的书信往来。1693 年，在朋友们的建议下，洛克将这些
书信整理后进行出版，这就是著名的《教育漫话》。本书与另
外一本哲学著作《人类理解论》成为洛克对后世影响最大的两
部著作。

在政治、哲学、教育、医学等方面，洛克均有建树。在
教育上，洛克认为儿童的意识就像一块"白板"，需要用感觉
和经验进行填充，以此来让孩子获得知识和思想。这种否定儿

童天生就有"思想"，需要靠后天教育来培养孩子的理论，后来成为欧洲近代启蒙教育在哲学和教育学方面的显著特征。同时，洛克也是真正用应用经验心理学来构建自己教育体系的教育家，这一体系在他的《教育漫话》中得到了完整的阐述。在这本书中，洛克反对把教育单纯地理解为从书本中获得知识，他认为教育的目标应该是培养绅士——身体要健康、品德要高尚、待人接物要有礼貌、学识要渊博。

首先，洛克将身体健康放在了第一位，他强调"健全的心智有赖于健康的身体"，学医的经历促使他针对当时贵族家庭对孩子娇生惯养的不良风气，如在穿衣、洗浴、运动、饮食、睡眠、排便、服用药物等方面，提出了极为细致和具体的改善建议。

其次是道德教育，在洛克看来，要成为一位绅士，除了身体健康之外，还需要在德行、智慧、教养和学识方面有所建树。其中，德行包括三层含义：一是要熟练掌握各种处事技巧，精明能干，富有远见；二是要懂得礼仪，有礼貌；三是要养成刚毅、坚强、吃苦耐劳的品质。而在道德教育方面，洛克提出了两个基本原则：一是要有意识地训练孩子用理性来克制自己的欲望；二是从小就对他们进行教育，让孩子培养一些必需的、良好的性格习惯。

在智育教育方面，洛克特别强调，应该让孩子学习一些实用的学科，培养他们的动手能力和解决实际问题的能力。为此，他还提出了一些有意义的建议，如不要强迫孩子学习，尽量启发和调动孩子的学习积极性，一次不要让孩子学太多——

要从易到难、激发儿童努力学习的动力，最好学会一两种手艺，不要让孩子把宝贵的时间浪费在没有实际意义的事情上。

以上就是洛克在体育、德育、智育三个方面教育思想的概括和总结，可以说，这些思想至今仍然有着极为深远的影响。英国人认为《教育漫话》是教育理论方面的权威著作，而这本书仅在18世纪的欧洲就有50多个版本出版，其中包括英语、法语、意大利语、德语、荷兰语、瑞典语等。

本书旨在让读者对洛克的教育思想、教育方法有比较详细的认识和了解，同时也需要去粗取精，因此所选内容多为《教育漫话》一书中系统性、逻辑性较强的内容。由于译者水平有限，译文中或有不当之处，敬请读者指正。

◎约翰·洛克纪念牌，英国牛津大学基督教堂内

◎约翰·洛克雕像

目录

Contents

·上篇 健康教育·

健康教育不容忽视

　　健全的心智有赖于健康的身体。这句话简洁而充分地道出了人生幸福的真谛。假如身体或者心智二者之间有一个是不完整的，那么纵然拥有其他的一切也是徒劳。因此，若身体与心智都健全、完整，就不必再有任何其他的奢求。绝大部分的苦难或者幸福，都是由人们自身造成的。心智不健全的人，做事情的途径不正确；而身体不健全的人，即使做事的途径是正确的，也没有办法取得任何进展。我承认，一些人所具有的聪慧的心灵与健壮的体格是与生俱来的，他们仅凭借超人的体魄，自小就能够朝着最好的方向发展，他们成就伟大事业的能力是与生俱来的，而且不需要旁人过多的帮助。但这类人毕竟只是少数，我敢说一般人之所以有好坏之分，成功或者失败，大部分原因都与教育的好坏有关。世界上的人之所以千差万别，与受到的教育不同是息息相关的。幼年时留下的印象，即使微乎其微、难以察觉，也会给生命带来持久且深远的影响；好比江河在源头时一直都是很温柔的，仅是需要一点人力便可以改变其流向，导致整条河流方向产生本质上的变化；所以，想要让河流的方向发生改变，让它流到更加遥远的地方，只要在源头加以引导就可以了。

我认为，孩子的心智容易接受指引，与河流的源头容易接受指引是一个道理：这确实是教育的重要组成部分，我们所在意的内容也应该是内心。虽然这样，外在的躯壳同样也是不容小觑的。所以，要先从身体是否健康聊起，因为我从前特意钻研过这个问题，而众人也都理所当然地认为我深刻地研究了这个问题，所以大家也都猜到我肯定会从这个问题开始说起。

既然我们想拥有事业，获取幸福，那么首先不应该拥有一个健康的身体吗？要想名利双收、出类拔萃，更是先要拥有可以承受各种艰难困苦的身体条件，理由显而易见，无须解释。

健康教育的具体内容

一、娇生惯养要不得

这里所说的健康问题，不是医生应该如何治疗身体患病或身体状况欠佳的儿童；而是说家长对于本来就健康、身体没病的孩子，在不使用药物的状况下，应当如何保证他们的身体，让他们更加健康。想要说清楚这个问题，只要记住一个简单的规则——绅士应当像诚实、忠厚、富裕的农民对待自己的儿女一样。可是，妈妈们大概会感到这么做有些过于严苛——爸爸们又大概认为这样有些太过容易，所以我要具体解释一番，在这里我只谈一个人们都容易理解的、显而易见的情况——大部分孩子因为娇生惯养而让身体受到了损害。请妈妈们认真思考一下是不是这样。

第一件需要重视的事就是：不管冬夏，孩子均不要穿得太多。在出生时，我们脸部的肌肤，与身体任何部分的皮肤一样，都是柔弱细嫩的。但是由于天长日久养成的习惯，与另外部分的肌肤比起来，脸部的肌肤显得更耐风寒一些。曾经有一位雅典人在冰天雪地里遇见一个赤裸着身体、来自叙利亚帝国的哲学家，雅典人极为惊奇，而哲学家的回答却发人深省。叙利亚人说："你的脸为什么可以承受住冬天的寒冷呢？"雅典人回复说："我的脸已经习惯了冬季的寒冷。""我的身体和你的脸部一样也已经习惯了。"叙利亚人如此回答道。是啊，一旦养成了习惯，无论多么恶劣的环境，我们的身体都可以承受得住。

我们再举个典型的例子来说明习惯的力量：我在最近出版的一本游记上看到——这本书里写的是关于酷热的例子，与之前所说的严寒恰恰相反。原文是这样的："他说，马耳他不光比罗马热，而且比欧洲任何其他地方都热，还非常闷，再加上没有一点凉风，因此更让人难以忍受。许多人都晒得跟吉卜赛人一样黑；然而马耳他当地的农民却很耐热，每天照常在灼热的太阳下干活，无论多热都不躲避。"这证明，很多看似无法做到的事，只要从小养成习惯，就能够适应。马耳他人便用这样的方法锻炼了孩子的身体，让他们能够适应酷热。那个地方的孩子从一出生，到 10 岁左右，全都是赤身裸体，衣服裤子一件不穿，头上也不戴什么东西。因此我建议大家，无须过于担心英国的严寒天气。英国也有一部分人，不论冬天夏天都穿着同样的衣服，他们也并未觉得有何不便，也没有感觉比其他人冷。就算妈妈担心孩子冻着，爸爸担心他人指责，需要考虑风雪严寒对孩子的伤害，冬天也一定不要给孩子穿得太暖和。特别需要注意的是：孩子生下来就有头发遮住头，又经过了一到两年的锻炼，所以无论他在白天玩耍还是在晚上睡觉的时候都不需要戴帽子；如果脑袋被捂得过于温暖，反而会引起一些疾病，比如头痛、咳嗽、发炎、感冒等。

我这里所谈论的方法主要是针对男孩子的，对于女孩子则不见得全部适用。

二、用冷水洗脚、沐浴

我还提倡男孩子每天用冷水来洗脚；还要给他做薄一些、透气一些的鞋子，这样如果踩到水里，水就可以透进去。说到这个事情，估计大多数家庭主妇和家里的女仆都不能同意我这个看法。主妇会认为这样会特别不干净，女仆则认为需要洗更多的袜子。可是，这种顾虑远没有孩子的健康重要，这才是更应该重视的真理。试想一下，与那些只要脚沾湿了就会产生各种麻烦的娇生惯养的人相比，人们会觉得，还是跟穷人家的孩子一起光着脚成长起来更好一些。穷人家的孩子已经习惯了光着脚，所以他们不会因为脚上沾了水而感冒或者患上其他疾病，因为他们脚湿了就像手湿了一样，已经习惯了。如今有些人的手和脚差异那么大，还能找出来除了习惯以外的其他原因吗？好比一个人刚一出生便将两只手用布裹着，外面再戴上手套当作"手鞋"，而双脚却始终光着，时间长了成了习惯，那么当他的手湿了之后，他一定会像现在很多人的脚浸湿了一样会感到烦恼。防范的办法便是每天坚持给他用冷水洗脚，并且让他穿很轻易就能透水的鞋子。我之所以没有规定每天洗脚的时间，是因为我这里注重的是冷水洗脚所带来的健康方面，而不是它所具有的清洁之处。我知道有个孩子从不间断地天天晚上洗脚，取得了不错的成果，即便到了冬天，他也一直坚持。后来有一天晚上，冰冷的水面结了非常厚的一层冰，尽管那孩子当时还不会自己搓脚擦脚，但他还是把脚和腿都浸入了冷水里面去洗。刚开始，他这样洗的时候也是哭闹不已的，看起来那么的娇嫩柔弱。但一旦养成了用冷水洗脚的习惯，就不会像那些脚上不小心沾点水就会生病的娇生惯养的人一样了。爸爸妈妈们可以自主选择给孩子洗脚的时间，只要行之有效，无论早晚我认为都是可以的。使用这个方法可以让身体变得健康与坚强——就算付出再大的代价也是划得来的。另外，用冷水洗脚还有一个好处，就是可以预防鸡眼，这对有些人来讲是很不错的一件事。不过，最好在冬季时开始锻炼，一开始使用温水洗，慢慢降低水的温度，用不了多久便能够完全适应冷水了，在这之后无论冬天还是夏天，都要坚持用冷水来洗。在这件事以及其他打破生活惯例的事情上，我们唯有逐渐地悄无声息地变化，才能让我们的身体不受任何疾苦和危险地适应一切。

不难想象，对于溺爱孩子的妈妈们来说，用我的这种说法去对待她们娇嫩弱小的宝贝，跟谋害他们没有什么区别。这些都是不对的话。怎能让孩子把好不容易从冰天雪地里暖和过来的脚，再放回到冷水中去呢？要想让这些妈妈消除心中的恐惧，明白这个显而易见的道理，我还需要再讲几个案例。塞内加在他的第 5 封信和第 83 封信里告知我们，自己经常在冰冷的泉水里洗澡，即使是在冬季最为寒冷的天气里也是如此。塞内加本人很富有，当然具备洗温水澡的条件，并且当时他已经很大岁数了，想要舒适些也应该，倘若塞内加不是觉得用冷水洗澡有益健康而且他也能承受得住，他又为什么会那么做呢？也许会有人认为，他是出于某种信仰才会这么做，就算是因为这个原因，但是为什么用冷水洗澡会对他的健康有益处呢？这是由于他的身体并没有因为这个很遭罪的习惯而受到任何伤害。贺拉斯不信仰任何教派，但他也告诉我们，在冬季的时候他也会用冷水洗澡。可能有些人也会这样认为，英国的气候没有意大利暖和，比意大利更冷，冬天的河水不像意大利的河水那么温暖。德国的河水比英国的河水更加寒冷，德国和波兰的犹太人不管男人还是女人，不管春夏秋冬都会在河里洗澡，这也丝毫没有损害到他们的健康。没人觉得这是什么值得惊奇的事，也没有人会觉得圣威尼弗瑞德井有特别之处，能够让那里的冷水不会对沐浴者柔嫩的身体造成损害。如今每个人都懂得，洗冷水澡对于身体虚弱的人重新获得健康是很有帮助的；那么对于身体较为健康的人来说，想要锻炼和强壮身体，用洗冷水澡的方式也是可行的。

如果有人认为孩子的身体过于娇嫩，无法像大人一样承受这样的锻炼，那让他们来看看以前的德国人和现今的爱尔兰人是怎样对待孩子的吧。在他们那里，即便是最为娇嫩弱小的婴儿也是用冷水洗脚和洗澡的，也没发生什么危险。在苏格兰高地，现在有些妈妈即使是冬季，也会用冷水给孩子洗脚和洗澡，以此来锻炼他们，哪怕是结了冰的水也并没有造成什么危害。

三、多游泳，多做户外运动

到了一定的年纪，而且也有人教，便应该让孩子去学游泳，原本这种事情是不需要由我再说的。很多人正是因为会游泳才救了自己的性命，因此罗马人像看重文化美育一样看重游泳。罗马人有一句谚语用来形容一个人没有文化且一无是处，便说这个人是读书写字不会，游泳也不会。会游泳对健康是很有好处的，因为游泳不单能让人拥有一种可以应急的技能，而且能够让人在炎热的夏天经常去清凉的水中洗澡，所以这不需要由我来倡导。但是当一个人运动到全身大汗淋漓、血脉偾张时，就不能立即入水。

另外，多做户外活动也对每个人特别是孩子的健康非常有好处。即便是冬季，也应该尽可能少去烤火。这样，他便会将寒冷和炎热都习惯了，烈日风雨也都习惯了；假如一个人的身体阴晴冷暖都能够承受，那么对他的一生是有很大帮助的；想要等到孩子长成大人之后再来培养他，就已经来不及了，习惯是越早养成越好，而且还要逐步地去培养。如此这般，身体便差不多能够承受所有的事情了。如果我让他到有阳光或者有风的位置去玩而不让他戴帽子，估计他会说出很多不想去的理由，其实他反对的理由不过就是怕晒。假如一直不让孩子吹一点风或晒一点太阳，而总将他放在阴凉底下来减少他皮肤所受的损伤，这样做可以将他养成一个英俊的男子，然而并不能将他教养成为一个有所作为的人。女孩诚然需要多加注重一下相貌：但是我敢说，户外活动并不会损伤她们的脸，而且户外活动做得越多，就越有助于她们的身体健康；女孩子在坚强方面的教育方式与她们的兄弟越为接近，她们所得到的好处便越大。

根据我的了解，户外运动当中较为危险的事情只有一件，就是孩子乱跑之后，热了就坐在或者躺在寒冷且湿气很重的地上。我也觉得这样做是有危险的，孩子们劳动或运动热了时喝了凉的饮料，这样的确能够让他们生病，乃至患上重病，或许有的还会病死。这样的危险是很容易防范的，只要在孩子们小时候随时随地有人照看他们。等到孩子们长大一点的时候，要对他们时时刻刻严厉约束，禁止他们在地上坐着和禁止他们在非常热时去喝凉的饮料，只要养成如此的习惯，纵然没有人在他们的身边照看，他们也同样可以管好自己。针对这样的状况，我只能想到用这样的办法解决。由于孩子们在不断地长大，也需要渐渐给予他们一定的自由，很多的事情他们都需要自己努力，不会始终有人照顾他们，唯一的办法就是让他们养成好的原则以及习惯，这才是最值得重视的方法。所有的劝告和命令，不管如何反复叮嘱，除非已经养成了习惯，否则一点用都没有。这个道理放之四海而皆准。

四、衣服不要太紧、太暖和

谈到女孩子，又让我想到一件事情，就是给女孩子穿的衣服一定不能做得过紧，特别要注意的就是衣服的胸口，这一点千万要牢记。要顺其自然，让孩子的身体发育到最好的状态，这比我们对其强制引导要好得多，而且也精准得多，所以，要让"自然"按照它觉得最适合的方式来形成体型。倘若孩子还在肚子里时，女人们便能够按照她们的想法来形成孩子的体型——就像孩子出生后她们想尽一切办法来矫正孩子体型时一样，那我们便无法生出完美的孩子了。孩子穿的衣服太紧、全身被包裹着，是很难形成俊美的身材的。我认为，假如那些好事者（那些愚昧的护工和还有制作紧身上衣的人就没有必要说了）能够考虑到这一点，便不会去干涉他不了解的事了；他们一点也不了解孩子的形体是怎样形成的，就不应该去抵制"自然"的力量。可是我仍然看见，很多孩子受到的伤害是由衣着紧绷而造成的，这让我觉得世界上的确还有一些人其实并没有比猴子聪明多少，因为他们在不知不觉中过于宠溺自己的孩子，最终把孩子毁掉了。

我们时常能够见到胸部很窄、呼吸急促、肺功能衰弱以及上身佝偻的孩子，这很多都是由穿着过紧或过小的衣物而造成的。本来想让孩子长得纤细、清秀、优雅，可是却害了他们。身体的各个器官没有按照"自然"的意愿去分配营养物质，那么各个部分便一定不能匀称地发育。这样，营养物质就会在肩背或臀部这种衣服没有那么紧的地方开始堆积，这些部位便会高于或者大于平常人的尺寸，这又有什么可奇怪的呢？我们经常可以看到，有的人由于脚上很小一个地方的受伤，导致了整个腿部都得不到营养，最终整条腿都萎缩了。如果对用来维系生命的心脏基地——胸部施加巨大的压迫，不让胸部正常起伏伸缩，那这样做所造成的不良后果是可以想见的。

五、饮食宜清淡，不可饱食

说到孩子的饮食，我觉得应该清淡一些、简单一些，当孩子年纪尚小、身体还未发育完全、还要身穿童装的时候，甚至应该是禁用肉食的，如果一定要把时间更加具体化，那至少在孩子两三岁以前，是一定要禁食肉食的。大多数孩子的父母可能会因为自身已经养成多吃肉食的习惯而不会赞同这种做法，并且他们会错误地从成年人的角度去定位和思考孩子的需求，认为每天如果不吃上两顿肉食，就会挨饿，尽管他们可能知道禁食肉食是对孩子的现在以及将来的身体健康都是极为有益的一件事。我非常肯定的是，如果儿童可以改变现在已有的饮食习惯，不再像从前那样，让溺爱的母亲和无知的仆人养成暴饮暴食的习惯，并且可以在三四岁以前能够完全不食用肉类，那么他们的牙齿发育就会顺利得多，小的时候免疫力会很高，各种疾病都不会找上他，从而可以为以后健康强壮的体魄打下坚实的基础。

如果小孩子一定要食用些肉类的话，那么最好的方式就是每天只食用一次，每次只食用一种肉。对于所吃的肉也要注意，最理想的是牛肉、羊肉，而且烹调的过程中不要添加任何调味品。孩子如果感到肚子饿，他自然会吃，但是家长们需要格外注意的是，进餐时无论有没有其他的食物，主食都要以面包为主；而且只要是有些硬的食物，一定要教他细嚼慢咽。英国人在这方面给予的关注度通常不够，由此也产生了许多不良的影响，引发了消化不良以及其他一些不小的问题。

关于早餐和晚餐，英国人比较习惯食用一些牛奶、奶羹、燕麦粥、粥冻等少油多营养的食物，而这些食物同样也适合于儿童；不过需要格外注意的是，一定要保证食品的来源是健康的，烹调时要清淡，不要添加过多的调料，而且尽可能少加糖，最好是不加；这里需要说明一点，在少量可以添加的调料中也要很好地区分各自的属性，一些性热的香料我们应该避免使用，如姜、肉豆蔻、肉桂、丁香以及其他性热的佐料等。除了刚才所说的，还有最重要的一点，那就是盐的使用，孩子们的所有食物中盐都是要少量摄入的，一定不要让他们习惯性地去吃些味道很重的肉食。大人们之所以喜欢吃些滋味重的食品，也都是日积月累、慢慢养成的习惯，但是这并不代表是一种好习惯；我们都知道，食用过量的盐，除了会使人感到口渴、一味地饮水以外，对身体也会产生其他不好的影响。我觉得对于小孩子来说，最健康的早餐莫过于吃上一大块品质上乘、烘烤合宜的黑面包，还可以选择加上一点黄油或乳酪的点缀。我坚信，这样的早餐跟美味的食物一样能给人满足感，并且对健康有益，在使他们身体变得强壮的同时，也会让他们爱上这种搭配方式，并且习惯地去食用。如果在两餐之间仍然还想吃些东西，那么他们就只有吃干面包这一种选择。假如他真的饿了，面包也是足够能填饱肚子的，如果他并不是很饿，那么吃什么都是多余的。

这样做有两点好处：一是让他养成爱吃面包的习惯。就如同我们成年人一样，我们喜欢的口味通常也是平常习惯吃的一些东西。二是他不会吃得比正常身体所需要的更多、更复杂。不是每个人的饭量都是一样的，有的人生来就胃口大，而有的人生来就胃口很小。并且我认为许多人喜欢吃是因为习惯而非天生的好胃口。并且据我了解，一些国家的人每天只吃两顿饭，还有一些国家的人习惯于每天吃四五顿饭。尽管存在着两种不同的饮食方法，但是人们的身体健康却没有因为习惯的不同而产生较大的差异。罗马人一般要等到晚上才进餐。这是由于他们每天只有这一顿饭是固定的，即使是吃早饭，人们的用餐时间也是不固定的，有的人习惯在 8 点吃早饭，有的人习惯 10 点，还有的人在下午的 13 点，甚至还有更晚的，而且他们吃饭时不会吃任何肉类，进餐之前也不需要任何的准备。奥古斯都是当时世界上最出色、最伟大的君王，他曾说过，他在打仗的时候，每天只吃一些干面包。塞内加在第 83 封信中曾经详述了自己当时的生活状况，当时他年事已高，生活理应过得非常舒适，但他仍然每天只吃一块干面包，吃的时候也很随意，不会那么正式地坐着吃，尽管现实中他真的很富有，也完全可以跟任何一个富有的英国人一样过上奢华富裕的生活，吃得更好一点，即使是吃上双份，他也完全可以负担得起。世界上有很多伟大的人物都只吃这么一点，便可以长大成才；而罗马那些年轻的绅士也并未因为每天只吃一顿饭就觉得身体虚弱或者无精打采。即使偶尔感到饥饿，挺不到固定的就餐时间，也只是吃上几口干面包，最多再佐以葡萄之类的一点点副食。在他们的价值观里，这种节制的精神不仅有利于强壮体魄，而且对事业也能产生很好的促进作用。所以，虽然后来罗马帝国的社会风气一度变得奢靡而颓废，但是每天仅吃一餐的习惯却一直延续下来；虽然当中有些人已经不再粗茶淡饭、简单朴素，但是吃饭时间也是不会改变的，坚持着不到傍晚不开始的习惯。他们甚至认为，如果一天吃饭的次数超过了一顿，那简直是不可想象的，因此一直到凯撒当政时期，如果有人在日落之前宴请宾客或是赴宴的话，依然会受人非议。所以，如果家长们并不认为这是一种对小孩子过于严厉的做法，那么我觉得孩子们的早餐还是只吃面包为好。习惯的力量是非常强大的。我认为英国人很多疾病就是因为肉类食用得太多、面包食用得太少。

至于用餐的时间，我认为最好不要弄得很准确。因为习惯的力量是强大的，如果他养成了在固定时间吃饭的习惯，他的胃到了那个时间就会等着食物的光临，如果没有食物，胃便会生病：要么就是胃一下变得特别亢奋，造成暴饮暴食；要么就是胃突然变得一蹶不振，不想吃饭。所以我并不觉得这样的饮食习惯对儿童来说太过刻薄，一个孩子，午餐能够吃到肉，晚餐能够喝到肉汤，除此之外，他随时还可以吃到高级的面包和啤酒，他又怎么会挨饿呢？当然更不会由于营养不良而使身体变得虚弱。所以我思考良久，认为这种饮食习惯对儿童来说是最好的。在一天之中，上午是孩子们注意力最集中、最适合学习的时间，吃得太饱会影响精力的集中，干面包虽然有着较高的营养价值，但却不是让人垂涎欲滴的美食；任何一个家长只要是关心孩子的身心健康，就一定不会愿意让他整天昏昏沉沉的，看上去一副病歪歪的样子。所以，最好的办法就是不要让他在晨起吃下过多的食物。大家也不要错误地认为这种饮食方法只适用在家里条件尚可的人。一个绅士，无论处于多大的年纪，都应该以这样的方法培养长大，以便将来只要拿起武器，就能成为一名出色的士兵。相反，那些让自己的孩子一辈子都靠着祖辈庇荫衣食无忧的人，他们都不知道总结前人的经验教训，也跟不上时代的发展。

在儿童的健康问题上面，水果也是比较难处理、比较棘手的问题之一。我们应当如何正确地对待水果呢？这不是用任何一条简单的规则就能够说清楚的；我不会像有些人一样，完全否定水果的用处，片面认为水果对于儿童的健康是没有任何好处的，不愿意让孩子们吃任何种类的水果；这种独断的办法只会使他们更加逆反、增加食用水果的欲望，一旦看见有水果，就会没有选择性地、不分好坏、不分成熟与否、一味乱吃乱用。我以为，儿童应该有选择性地避开吃一些不健康的水果，例如甜瓜、桃子和许多种类的梅子和李子，以及英国葡萄。这些水果味道甜美、非常可口，但是这些水果里的糖分却很不利于孩子们的健康。因此，最好避免让他们注意到这些水果，甚至可以不让他们知道有这类水果的存在。但是一些完全成熟的草莓、樱桃、醋栗和覆盆子，我觉得是对儿童没有害处的。如果在食用的时候注意几点事项，还可以放心让他们多食用一些：第一，这些水果不能在饭后吃，因为饭后胃中充斥着其他食物，我认为正确食用水果的时间应该是在吃饭前或者两餐之间，儿童还应该在早餐时间食用水果。第二，吃水果的时候最好要吃一点面包。第三，食用的水果一定要是完全成熟的。按照这样的方法吃水果，我想对孩子们的健康是百益而无一害的。夏季出产的水果是正好适合于夏令时节的，夏季炎热的天气通常会让人食欲不振，吃些应季的水果不但没有害处，还可以清热开胃；因此在这一点上我不愿意像别人一样如此严格地对待自己的孩子，我认为适量的高品质水果可以使儿童得到胃口上的满足，如果家长们只看到有些水果对孩子健康的坏处而一点水果也不给他们食用，那么一旦他们有机会或能通过其他人品尝到水果，那时便会连果屑都吃得干干净净、渣都看不见。还有就是苹果和梨，只要是完全熟透了，采下之后又存放了一段时间，我想也是可以随时食用的，对健康没有什么害处，特别是苹果，多吃一些也是没有关系的；据我所知，在10月份以后采摘下来的苹果对身体是没有任何损害的。

还有就是没有用糖浸泡过的干水果，我觉得也是对身体有益处的，而那些加工过的糖果蜜饯类的东西最好就不吃了。这类东西对健康有着绝对的威胁，但是对制作者和食用者谁的危害更大，我们还很难分辨。我所确信的是，吃糖果蜜饯通常是虚荣心作祟，也是最不理性的消费方式之一，这些问题就留给女士们去做决定吧。

六、让孩子拥有高质量的睡眠

在所有与孩子们有关的事情里面，只有睡觉是最让家长放心且不需加以管束的，孩子们可以充分享受睡眠带给他的舒适体验，也唯有睡眠可以让儿童得到身体和心灵上的满足。睡眠对于儿童健康成长所发挥的积极作用是任何其他东西所无法替代的。而在睡眠这个问题上，也只有一个部分需要注意，那就是一天二十四小时的时间里，应该把哪一部分时间用来睡眠。这个问题答案很明确，那就是让他们养成早起的习惯。早起是对健康有益处的，并且一个人如果从小就可以养成早起不贪睡的习惯，那么长大之后就必然不会把人生中最宝贵的时光花在床上。为了让孩子养成早起的习惯，我们要早点叫醒他，为了保持清醒的头脑，我们要让他早点休息，而早睡的习惯又可以使他们避免参加那些社会上不健康、不安全的夜间活动；但凡作息时间稳定的人，是很少会因为行为不良的问题而染上重大的身体和心理两方面的疾病的。但是我们不是绝对否定在孩子们长大成人之后也不可以在晚上的时间与人出门交际，或者否定他们在午夜时还与人喝酒聊天等。我只是在说明，家长们应该从小就让他们养成这样一种习惯，让孩子们从心底不愿意参加那些不利于身心健康发展的活动；因为如果养成早睡早起的习惯，那么彻夜不眠是他们难以忍受的，从而孩子们自己就会尽量避免参加夜晚里的各种娱乐活动，由此带来的好处是不容小觑的。

如果事情不能像我们预期的那样进行，还是要考虑各种复杂的关系，比如时尚和社交，那么为了让他在 20 岁成人以后也能像别人一样生活，拥有自己的交友圈和社交。所以在他还不到 20 岁的这段时间内，也尽量让他习惯于早睡和早起。

我前面提到过，儿童在比较小的时候可以让他们多睡一些，甚至是想睡多久就可以睡多久，但是我的意思并不是在他们长大了以后还要一直保持着这种睡眠状态，那种想睡多久就睡多久，懒洋洋、昏沉沉的赖床习惯绝对要不得。但是我们应该从什么时候开始正确地限制他们的睡眠时间呢？是从 7 岁还是从 10 岁开始呢，还是其他什么明确的时间？这真的很难精确，也很难规定。我们应该综合考虑每个人的气质、体质以及身体强健的程度。但是如果到了 7 岁与 14 岁之间他们依然处于贪睡的状态，我想就需要家长们要采取一些手段了，比如把孩子的睡眠时间逐渐减少到每天 8 小时左右，因为每天 8 小时的正常睡眠对于健康的成人来说已经足够了。

假如家长们在孩子很小的时候就注意到这个问题，尽到了家长的责任，使孩子养成了每天早起的习惯，那么在长大后这种贪睡的毛病也是很容易改掉的。大多数的儿童只有在晚上才能和小伙伴们聚在一起玩耍，而随着年龄的不断增长，睡眠时间自然会渐渐地减少；而且有的小孩子如果没有大人的看护，往往会用上午的时间去补足晚上的睡眠，这也是绝对不允许的。所以每天一早就一定要有人把他们从睡梦中叫醒，不管昨天晚上到底是几点入睡也要让他们按时起床。但是叫醒他们的时候就一定要注意方法了，要小心从事，切忌太急躁，切记不要大吵大闹，只要是突发性的巨大声响都应避开。因为太大的声音或者暴躁的脾气可能会惊吓到孩子，让他们幼小的心灵受到伤害。把儿童从甜甜的睡梦中叫醒的时候，声音一定要轻柔，动作一定要缓慢，让他们渐渐地、轻轻地醒过来，然后我们再温柔地跟他们说早安，慢慢让他们清醒，直到他们完全清醒过来，整理好衣服，那时才是真正地醒过来了。如果我们强硬地把他们从睡梦中叫醒，那么无论我们用怎么温柔的动作，对他们的小身板来说也是一件非常痛苦的事情。此外还得格外注意不要让他们产生其他不适的感觉，尤其不能让他们受到更大的惊吓。

孩子应该睡在硬板床上，并且床上的用品也应该使用纯棉质地而不要使用羽绒的。我们都知道睡硬板床能够锻炼人们强健的体格，反之如果每天晚上都睡在软绵绵的羽绒被褥里就不会很好地锻炼体魄、常常会导致身体的虚弱甚至短命。结石病的病因常常就源于睡觉使用过于保温的羽绒被褥。除此之外，还有其他的一些疾病，以及病因是体质虚弱的疾病，其主要原因也出在使用羽绒被褥上。再者，在家习惯于睡硬床的人出门在外就不会再因为床铺过硬或者枕头不合适而失眠。并且，我建议偶尔可以把枕头垫得厚实一点，让孩子的头睡得高一些，有时再让他用略矮的枕头，头部睡得稍微低点，这样他就可以习惯于各种突发状况，以后如果遇到床铺的变化也不会过于敏感，因为不会有人永远睡在自己家的床上，也不会有人每天帮你把床铺得整整齐齐。睡眠是"大自然"赋予人的恩赐。因为失眠之人都是痛苦的，一个人如果只能在精致的金杯里痛饮，却不能在木质的粗碗中饮水，那可以说是非常不幸的。如果能够进入熟睡的状态，那便是饮到了天使的甘露；至于睡在柔软的床上还是坚硬的木板上，都是无关紧要的。唯一重要的事情就是睡眠。

七、养成按时排便的好习惯

还有一件事，同样对健康有着重要的影响，那就是是否按时大便。每天大便次数过多的人很少有敏锐的思维和强健的身体。不过大便过频可比便秘的毛病容易医治，一般从饮食和用药两方面着手即可，所以无须重点说明。如果情况比较严重的话，无论是突发急症或是持续了很长时间，都应当马上去看医生；如果症状尚且不严重或者持续的时间还不长，那么一般来说还是顺其自然更好。反之，便秘对身体的害处更大，而且医治起来也要困难得多。泻药看起来能够减轻症状、利于通便，但是实际上却会加重便秘。

便秘这种毛病我也有特殊的理由要单独对其进行研究。这个问题从书本上根本找不到医治的方法，所以我只能开动脑筋去解决问题，我相信只要方法科学、步骤合理，便秘是一定可以治好的，就算要让我们的身体发生特别大的变化，也是值得尝试的。

第一，我认为，大便是人体内的某些活动造成的一种生理现象，特别是肠胃蠕动。

第二，我认为，有些动作也许是不经意的，但可以通过练习而形成一种习惯，前提是要不停地锻炼和保持这些动作。

第三，我曾经观察过，有很大一部分人在吃完晚饭吸了一支烟之后就必定要去厕所。我怀疑他们之所以会这样，更主要的原因还是由于习惯，而并非烟草的作用，就算是烟草起的作用，也不会是因为烟草本身有排便的功效，而是由于吸入烟草刺激肠道产生了激烈运动。如果烟草引起排便、下泻的效用，那么它肯定还会对身体产生其他的影响。一旦产生了这样的想法——大便是可以养成习惯的，那么接下来我们要思考的问题就是，为了达到这一目的，我们应该做些什么。

第四，我大胆地猜想，如果一个人在吃完早餐后立刻求助"自然"，强迫自己去排便，那么经过不断努力，保持一段时间之后，就一定能养成按时大便的习惯。

我选择在早餐之后来排便，是基于以下几个理由：

第一，因为早晨起床之后胃是空的，此时如果吃下一些愿意吃的东西（我一直觉得人只有在需要并且有强烈想吃的欲望时才应该吃东西），胃里就会发生反应，从而产生强烈的收缩和挤压消化的反应，我想这种强烈收缩很可能会延伸到肠子，从而增强肠道蠕动，正如肠塞绞痛患者那样，如果肠道中的某一个部位出现了倒转，那么这种病痛很快便会扩展到所有的肠子，并且连带胃部也会跟着出现不规则的运动。

第二，人们在用餐时通常是不会思考任何问题的，大多处于极度放松且松弛的状态，此时人的精神不去发挥作用，从而可以更多地集中在小腹，这样也可以产生比较好的效果。

第三，因为现实的工作压力很大，所以人们通常会通过吃饭来舒缓压力，那么相应的就餐时间就会增加，一旦有时间可以进餐，就可以有足够的空余时间来求助于"排泄女神"，这样就可以顺利大便；而在其他的时间里，人的精神会被各种琐事牵绊，很难确定是否会在某一时间点大便，因此这个习惯就可能会被迫中断。健康的人可能在进食时间上有所不同，但是每天至少进食一次的习惯是不会改变的。因此，这样就可以保持每天大便的习惯。

根据以上提出的这些理论，我们进行了具体的实验。得出的结论就是，只要每天坚持守住这个规律，不管在什么时间，也不管是否想要大便，每天只要在首次进餐之后就去厕所努力，尽"自然"之职，那么任何一个人都会在几个月之内达到预期的目标，成功养成每天按时大便的习惯，之后除了偶尔疏忽外，每天吃完早餐之后的第一个任务必然是大便；因为不管他们是否有大便的欲望，只有去了厕所，才会觉得自己完成了使命。

在这里我要劝告所有的家长，应该让自己的孩子在每天吃过早餐之后立刻坐在便桶上大便，要让孩子自己和照顾他的人都相信，大便与进食都是一样的，可以完全由他们自己所支配，而不要让他们持相反的意见。即便是强迫他去做这件事，也要让他在大便之后才可以去玩游戏或者再次进食，我相信用不了太长的时间，他便会养成按时大便的习惯。我们也观察过孩子们的各种习惯，他们玩游戏时通常都是聚精会神的，往往不会在意其他的一些事情，所以常常不会注意到那些"自然动作"对自己发出的小信号，于是便会忽略掉它们的及时提醒，时间久了就会慢慢形成习惯性的便秘。而我们所介绍的这种方法恰好可以解决这个问题，这并不只是一种简单的猜测，而是有一个小孩子在一段时间内使用这个方法，通过不间断的实践，最终养成了每天早餐之后都会大便的习惯，所以我才会认真向你们介绍它。

成年人是不是也愿意用这种办法大便，还是得由他们自己决定；不过我要说明的是，比起便秘对身体的诸多害处，我认为大便的通畅是对身体健康最有益处的一件事。24 小时内大

便一次，我认为时间上已经非常合理了，我想也不会有人会
觉得这样做太多。采用这种惯性的方法，就可以借助身体自身
的自然力量让自己大便通畅，而对于那些顽固的习惯性便秘来
说，通过药物来治疗的效果是不会如此明显的。

八、不要随意给孩子用药

关于孩子的健康问题，我还有最后一个问题需要打扰你
了。大家也许会希望我会给出一些关于使用药物的建议和指导
预防疾病的方案等，对于大家的这种需求，我的确有一个需要
认真遵守的建议，那就是绝对不要为了预防某种疾病而给儿童
服用任何药物。我想，大家要是听从并遵守这个建议，肯定比
那些太太的饮食疗法和服用药物的方法要好得多。

切记！不要随意使用药物，否则不但不能够预防疾病，严
重的反而会引起一些并发症。也不要过分紧张，不要在儿童稍
稍有些身体不舒服的时候，就立即使用药物或者立刻去请医
生，尤其是当医生是一个多事的人时，他会很快在病人的桌子
上摆满各式各样、瓶瓶罐罐的药品，恨不得让病人的胃里全都
是药品。其实，我觉得与其把孩子的健康交给一个喜欢滥用药
物或者愚蠢地认为孩子的病只有通过食物以外的东西才能够治
好并且笃信这种做法的人，还不如放任自然、任其随意发展更
为安全；因为我的理智和经验都在告诉我，除非是到了最危险
的时候，否则我们都应该尽量地少加干涉儿童的娇嫩身体。有
许多现实中的疾病，刚开始时只需要多喝水、静心休养、少吃
肉类，通常就可以治好。反之，如果太快地使用药物，反而会

使病情加重。假如使用这种温和的疗法之后仍然不起作用，我们当然也不能坐以待毙让病情恶化，可以去请一位思维清醒、行事慎重的医生。我希望，这一部分建议可以被人所采纳。因为这是一个曾经花很长时间研究过医药的人所发出的劝告，千万不要随意使用药物，不要随意请医生诊治——谁都没理由怀疑！

九、身体保健的几条规则

关于人们身体健康的一些问题，我就说这么多。如果对以上内容进行总结，可以得出下面几条很容易就能遵守的规则：

1. 多到户外呼吸新鲜空气；

2. 坚持运动，保持充足的睡眠；

3. 饮食清淡，不喝酒或烈性饮料；

4. 尽量少用或者不用药物；

5. 贴身衣物不可过暖、过紧，特别要保持头部和脚部的凉爽；

6. 双脚要适应冷水，经常洗脚。

·中篇　道德教育·

道德教育的旨趣及所应遵守的原则

应当注意保养，让身体变得强壮而充满活力，这样就可以让它能够服从并且执行大脑下达的指令。如果能够做到这一点，接下来最关键的就是让精神保持正常，使它在任何情况下都能够保持理性、高贵、卓越的表现。

一、重视孩子精神及德行的培养

在本书的开头我曾经讲过，每个人的行为和能力都有着巨大的差别，主要是因为他们所受的教育不同，教育的影响远远超过了其他任何事物对人们的影响；如果这种说法是正确的，那我们就能够得出这样一个结论：应该重视孩子的精神形成阶段的教育，并且及时加以修正，这样会对他们的一生都产生重大影响；一个人的行为端正与否，人们都会归结于他所接受的教育如何，因此会赞美或者批评他们所接受的教育；而当一个人犯错时，人们就会指责是他所接受的教育造成的。

就像强壮的体魄主要体现在可以吃苦耐劳，精神上的强健同样也体现在这一方面。一个人可以形成良好的习惯和优秀的品德，最重要的基础就是能够战胜自己的欲望，能否不依顺自

己的喜好而只遵从理性的选择——即使自己的内心偏向另一个
选择。

二、早期教育的重要性以及错误教育所带来的危害

我认为，人们对儿女的教育程度是不及时、不充分的，在
儿童时期，人类的精神是最为柔软也最容易受到支配的，如果
在这个时候没有教育儿女遵从理智和戒律，那么在儿女教育这
方面就是一个非常大的过失。天性会让家长们自然而然地爱护
自己的孩子，可是如果这种自然的爱脱离了理智的监督，就很
容易转化成溺爱。父母时常会因为有爱孩子的义务而放纵孩子
的行为，这是父母的过错。为人父母者想当然地认为，应该允
许孩子们在各类事情上依据他们自己的想法去做，做家长的不
应该多加干预；有的父母认为孩子小时候放纵一些没有什么危
险，也不会做出多大的坏事，更有甚者觉得任性是孩子的天
性，很合乎常理，从而鼓励和纵容他们。不过，针对那些溺爱
孩子并且一直原谅孩子的恶作剧而不去纠正的父母，梭伦的回
答正好适用："是的，不过习惯可不是一件小事啊。"

在父母亲溺爱中长大的孩子，必然容易打骂别人，他想要
得到的东西也必然能够通过哭闹的方式得到，他想要做的事情
也一定要去做。孩子的本性就这样被父母在他们年幼时通过纵
容和鼓励的方式给败坏了，家长们一点一点污染了孩子们清澈
的源泉，怎么当孩子长大时尝到苦水了而又觉得奇怪呢？孩子
一点点长大，这些行为也随着孩子的成长慢慢形成了不好的习
惯；而到了这时，他们却不再是可以逗着玩的小孩子了，父母

也不能再把孩子作为玩物了。这时他们便将孩子的任性推到孩子自己头上，埋怨他们不成才；此时家长们再想纠正孩子身上那些让他们感到生气和苦恼的恶习已然来不及了，因为这些杂草一般的毛病早已根深蒂固，很难去除。在孩子小时候，便已经习惯于按照自己的意愿来做事，那么当他长大后，仍旧想要让一切按照自己的意愿来，这没什么值得大惊小怪的呀！没错，孩子的缺点会跟随年岁的增加而显露得愈发明显，那时大部分的父母几乎都能够意识到孩子的缺点，很少有父母会麻木到连这样的恶果都无法觉察到。在孩子还没有学会说话和走路之前，便已经学会了如何支使家里的仆人；能够开口学说话时，便开始支使起自己的父母；那为什么等他长大后，变得比小时候更加强壮和聪明了，却忽然要受到约束了呢？为什么父母长久以来所给予孩子的大量优待，必须要在他8岁、16岁或者是20岁之时失去呢？你可以看看小狗、小马或者任意一个动物，看它们是否能够轻易改掉在年幼时期养成的毛病，况且它们在骄傲任性和控制欲方面，连人类的一半都无法达到！

在饲养动物方面，我们一般都是比较聪明的，我们会在狗、马或者是其他对我们有用的动物还非常幼小的时候，便开始适时地对其加以训练。但在这一方面，我们却忽略了自己的后代；我们自己把孩子培养得顽劣不堪，却愚昧地盼着他们出人头地。倘若为了不让孩子哭闹或者不开心，就随他们的意给他们吃葡萄或者糖块，那为什么等他长大后想要花天酒地，就不能如愿以偿呢？若是孩子通过哭闹的方式所获得的东西正是他们所喜好的，那么花天酒地也符合成年人的欲望。人的喜好和欲望会随着年龄的变化而产生不同改变，这本身并无过错；
而不能按照理性的规则来制约这些欲望才是错误的地方；这之
中的差别不在于欲望的本身，而在于自己的欲望是否能被抑制
住。一个人从小就由着自己的性子做事，不习惯服从他人的理
性，等到了可以运用自己理性的年纪，他也不会听从自己的理
性的。不难想象，这种孩子长大会成为什么样的人。

上述情况最容易被那些表面看来特别重视儿童教育的人所
忽视。看看正常人对孩子的教育，想想他们为世人所斥责的
玩世不恭，那我们完全可以怀疑，当中是否还存有德行的足
迹。我特别想要知道，孩子的爸爸妈妈和孩子身边的人为什么
在孩子刚刚可以接受邪恶之时，就用邪恶污染了孩子，在他们
的身上埋下邪恶的种子？我在这里所强调的，不是家长们给孩
子树立的榜样和行为模式，那些顶多可以被看作是鼓励的一
种；而家长们将邪恶教给了孩子，让孩子脱离了道德品行的轨
道，才是我所关注的。在孩子小得还不会走路时，他们便将
凶残、狂暴和怨恨教给了孩子。"拿根棒子给我，我去打他"，
是许多孩子几乎天天能听到的话，人们都不把这些当回事，认
为孩子惹不出什么麻烦，因为他们还小，手没有多大力量。那
么我想要问一问，这样的教导真的不会使他们的精神受到污染
吗？真的可以避免让他们走上蛮横和残暴的道路吗？倘若在孩
子幼年的时候就因教唆从而学会伤害别人，以伤害别人而感到
快乐，那么当孩子长大成人之后，认为自己拥有了力量可以为
了达到某种目的而去伤害别人时，难道他们就不会去伤害别人
了？我们原本是因为遮羞、御寒和防护而穿衣的，但是有些愚

昧无知的父母让孩子认为服装还有另外的用途，从而让衣服变成爱慕虚荣和争强好胜的道具。孩子从小便接受这种方式的教育，他们会期盼拥有一件新的衣服来使自己变得更加美丽；假如小女孩的妈妈不在她穿戴了新买的衣帽后，夸赞她几句"小皇后"或者"小公主"，并教她如何赞美她自己，那怎么能行呢？孩子在还不会独立穿衣服的时候，就已经懂得了夸赞自己的服饰。孩子在这么幼小的时期便开始接受父母亲的这种教育，那么当孩子长大以后对裁缝给他们制作的服装品头论足就不可以了呢？还有，当老师或当父母的经常教育鼓舞学生和子女去说那些对自己有利的谎言、模糊的言辞乃至各种各样的理由和借口。当青年人发现，只要对待虔诚的老师有好处，就算歪曲事实也可以受到表扬，那么只要扭曲事实就可以获得对自己最有利的回报，难道孩子就不会知道为了让自己获利而对此进行利用吗？家庭贫困的社会下层人，没有条件用食物来诱导自己的孩子，也没有条件让孩子吃得过多、喝得过多，但是到了充裕一些的时候，他们的行为就会树立起低劣的榜样，表明他们平常之所以没有过分吃喝，并不是讨厌大吃大喝，而是由于他们的家境穷困潦倒所致。然而，假如去看那些比较富裕的家庭，吃喝是其生活中的大事且是幸福的源泉，如果孩子不能享受到这一点，就会觉得自己受了歧视。纵然已经吃饱了，他们依旧会使用肉菜、羹汤以及各种各样制作精致的食物来吸引自己的味蕾，继而又会用担心肠胃有负担这种借口，去喝些酒来促进肠胃的消化，虽然这么做除了可以增加积食之外，并没有其他的任何作用。我的宝贝是有什么不舒服吗？那么接下来的首个问题就会是，"宝贝儿，你想吃些什么呢？需要我给你拿点什么好吃的？"，然后好吃好喝的食物立刻送到孩子的嘴里；事实上，疾病在刚刚发生之时，身体的本能就聪明地让患者失去了食欲，这主要就是为了防止病情的加重，然而人们非要想办法去做些过于香甜的食物，来增加食欲，那时假如肠胃不再接受新的食物，不再承受之前消化的任务，它就能够休息，就可以战胜刚刚生出了苗头的疾病。有些孩子是非常幸福的，因为父母给予了他们理智的照料，让孩子不会只喜欢吃山珍海味，也会安于家常便饭，可是孩子的精神难免不会受到糜烂风气的荼毒；尽管在父母理智的教育之下，孩子身体的健康大概可以获得保护，然而因为在任何地方都可以听到吃好、喝好这样的话，孩子的欲望难免会因此而屈服。如果所有人都宣扬"要吃好"，那么人的本能欲望肯定会受到刺激，让其快速地喜爱上美味佳肴。因此，所有人，甚至那些指责作恶之人的人，都会把"要吃好"视为"生活好"的一方面。如此的社会风气，即使具有威严的理性，但是又能够提出什么不赞同的意见呢？社会精英这般推行"要吃好"，那么说它是一种奢华的行为恐怕也不会有人去听。吃喝无度这种恶行如今已经成为一种风气，支持者众多，真是不清楚它是否会获取德行的美誉；此时假如不赞同吃喝无度，不知道是否会被当成白痴，或者让人觉得不明白如何立身处世？说句实话，我期望，假如当父母的人可以看见，他们不只身处于各式各样的诱惑，而且随时随地都要面对各种各样罪恶的教导，纵然在他们觉得安全的地方也是如此。那么在此，我所讲的一切大概能够在教导孩子的问题上面引起他们的关注与戒备，否则大家或许就会指责我，说——你这是在嘲讽人。对于这个问题我并未打算多讲什么，至于人们消耗精力并毁坏孩子、向孩子灌注毫无道德行为与原则的所有细节，我也不想多讲，可是我希望凡是做父母的人都要仔细认真地思考一下，孩子在不经意之中受到什么毫无道德的教导，假如父母是理智且有责任心之人，是不是应该改变一下对孩子的教育方法。

三、培养孩子用理性克制欲望的能力

我觉得，这件事不言而喻，所有让德行变得优良的原则都可以归结于一点：克服理智所不容许存在的欲望。要获得并持续改进这样的克制力，还是要依靠习惯，而要轻松运用这种能力，则要依靠大量的实践。假如大家愿意听取我的看法，那么我要告诫大家，这和一般我们所理解的是不一样的，孩子应该从出生之后不久就开始练习克服自身的欲望，而不应早早就产生各方面的欲望。孩子应该明白一点，之所以获得某个物品，是由于这个物品适合他们，而不是这个物品可以让他们感到开心快乐。如果某个物品适合孩子就给孩子，而从来都不是由于孩子的哭泣与乞求而让孩子获得任何物品，那么孩子就不会无事生非，也不会大哭大喊与纠缠不止，非要获得所要得到的物品，也绝对不会让自己与别人都不得安宁，这是由于从最开始的时候他们就没有被如此对待过。如果孩子从来没有吵吵闹闹地让自身的渴望获得满足，那么孩子也就不会大哭大喊着去恳求什么，就像孩子不会大哭大喊着要月亮一样。

　　我的观点并非让孩子忘情于所有物品，也并不要求孩子的言行举止都像议员那样具有理性。我十分清楚孩子就是孩子，应该以温柔待之，应当玩游戏和玩具。我的观点是，孩子想要得到的物品或者想做的事情，假如不适合孩子，那么就不应该由于孩子年纪小就应允他们；不管孩子怎样哭闹，都不应该应允，正是由于孩子的哭闹和纠缠，所以更加不应该让孩子得到。我看见有些孩子，在用餐的时候，不管餐桌上面放了什么东西也不会想要，而仅仅是要满足于自身的那份；然而在另外的地方，我看见其他的孩子看到什么就大哭大喊地要什么，所有的菜都一定要先拿给他才可以。造成这种差别的原因是什么呢？只是由于后者习惯使用大哭大喊的做法去获得想要的物品，然而前者则没有这样的习惯。我觉得，孩子的年龄越小，就越不应该顺从孩子任性妄为的要求；孩子越缺少理智，就越应该接受严厉的管教，并给予管教者绝对权力去约束孩子。所以，只有小心理智的人才能够与孩子接触。假如通行的方法与此截然不同，那么我也无能为力。我所讲的是我觉得应该推行的做法，如果这样的做法早就已经通行，那么也就不用在此讨论这个问题了。但是我坚信，在这个问题上，肯定有人同意我的看法，即越早对孩子实行这样的教导，孩子和管教者越会觉得轻松快乐，人们应当将此做法作为不可违反的规则来遵从。不管何种物品，只要是在拒绝给予孩子以后，就绝对不可以由于哭泣与乞求再次给予孩子，除非是故意想让孩子变成一个毫无耐心与令人厌恶的人。

四、及早进行教育的重要性、父母和孩子的关系

所以，但凡有心去教导孩子的人都应当在孩子的幼儿时期就开始加以教导，让孩子绝对顺从父母的意愿。如果你期望自己的孩子在度过幼儿时期后依旧遵从你，那么就必须在孩子刚刚明白什么是服从的时候，了解自己应该听谁的话，并在此时将作为父母的威信建立起来。如果你期望孩子能够敬重你，那么应当在他还是婴儿的时候就敬重他；而随着孩子年纪的增长，则应该慢慢地和孩子亲近；这样的话，就能够让孩子在小的时候变成服从的臣仆，在长大以后就会变成与自己亲密无间的朋友。我觉得，很多人在对待孩子的时候所使用的方法是极其错误的，在孩子幼小的时候纵容亲狎，孩子长大以后却对其疾言厉色，不再和孩子亲近。自由自在和纵容对于孩子来讲确实无任何好处，这是由于孩子缺少判断的能力，所以需要进行约束教导，相反，成年人有理智，再用独裁和严苛来对待他们就显得非常不合适了；除非你故意想让孩子长大以后讨厌你并期望孩子在心里想着："爸爸，你到底何时才能死呢？"

我认为，所有人都会觉得这样的观点是合理得当的：在孩子小时候，应该将父母当作君王与真正的领导者，对他们敬中带畏；而在孩子长大以后，则应该将父母当作最牢靠且唯一直言不讳的朋友，对他们敬中带爱。如果我是正确的，那么我之前所讲述的办法将是唯一能够实现这个目标的途径。孩子长大成人以后，我们一定要把孩子视为与我们本身相同的人，和我们具有相同的感情和渴望。我们期望自己能被看成是有理智的

人，期望拥有属于自己的自由，我们不愿意随时随地遭人指责与白眼，也无法接受交往对象的嘲讽与淡漠。任何一个成年人假如遭遇如此对待，都将寻找其他的伙伴、朋友以及谈话对象，以获得轻松快乐。如果孩子在最开始的时候就接受严厉的教导，那么孩子在幼儿时期就会和善听话，平和地顺从教导，这是由于在那个时候除此之外孩子不清楚还有什么其他的做法。随着年纪的增长，孩子慢慢可以运用理智，严厉的教导也会根据他们应当受到的对待而慢慢变松，父母的脸色会更加和蔼可亲，父母与孩子之间的距离在慢慢减少，那么父母之前的教导反而会促进孩子对于父母的爱，这是由于孩子此时已经明白，这样的教导是父母对他们的关怀与爱惜，是为了让他们变得值得拥有父母的关怀以及别人的尊敬。

对于怎样在孩子的心目当中建立父母威严的原则，我只讲到这里。父母在孩子心目中的威严，在最开始的时候应当借助畏惧与敬重将其树立起来，然而随着孩子渐渐长大，就要运用爱与友谊来保持这种威严。因为终有一天，棍棒教导与惩戒将会失去作用，可是到了那时，假如你的爱不足以让孩子孝顺于你，假如喜爱德行与重视名誉的心理不足以让孩子走上一条光明的大路，那么此时我就要问一下，你还能有什么其他方法去约束孩子呢？当然，因为担心不能获得你的喜欢从而会少得遗产这个办法，可能会让孩子变成你财产的奴隶，然而孩子在私底下依旧是罪恶的，而且这样的约束并不会维持很长时间。所有的人终有一天要完全依靠自己以及自身的行为举止；一个人具有的和善、能力以及良好的德行都一定是由内而外养成的。因此，孩子一定要尽早接受应该接受的教导，尽早让孩子养成可以让其受益终身的品性，这样的品性是深入于他的本能当中的习性，并不是因为担心继承权会被剥夺而一时假装出来的。

道德教育的具体内容

一、管教孩子的方式与措施

按常理来讲，规则一旦制定，就要去研究更加详细的管教方式。因为我再三强调，对孩子要严加管教，大概会有人觉得，我并未对孩子年纪尚小、身体尚弱这两个因素进行充分考虑，以便给予他们应有的照顾。但是我接下来这些话，会把这个误会解除。我的观点是这样的，在教育中过于严厉的惩罚方法是没有任何作用的，相反还会导致很大的伤害；而且我始终认为并通过事实验证，最终变成最成功的人的绝不是之前受到最严厉惩罚的孩子。到现在为止，我所提倡的是，不管管教的方法多么严厉，在孩子年纪不大的时候可以多加应用，如果运用得当并取得了不错的成效，那么此时就应该采用较为温和的管教方式。

假如父母能够在孩子懂事之前，凭借自身锲而不舍的精神让自己孩子的意志变得平易近人，那么就会使其形成一种自然的习惯，这就不会造成孩子的抗拒与埋怨。值得注意的是，这种方式的管教一定要早早进行，而且决不允许有丝毫的动摇，直到孩子拥有了敬畏的心理，在孝顺父母方面没有丝毫的勉强之处。具有这种敬畏之心（一定要于早期进行培养，不然的话，想在长大之后培养这种敬畏之心是非常耗费精力的，有时甚至还需要通过体罚这样的方式，耽误时间越长，往后就越不容易培养）后，孩子也不会过于任性，等孩子长大懂事以后，就可以凭借敬畏之心对其进行管束，而用不上一些会让人觉得受屈辱的惩罚方法，例如：责骂、鞭挞等。

思考一下，到底什么才是教育的真正目的，什么是教育的关键之处，人们可以很容易从这种思考中获得一些感悟、懂得一些道理。第一，但凡是无法控制自身喜好、无法抗拒自身喜怒哀乐、无法听从理智告诫之人，不可能具备德行与勤勉的真正原则，更有可能陷入一无是处、一无所能的危险。自制是一种优秀的品质，它与人与生俱来的本能恰好背道而驰，所以必须要在早期养成这样的品质；而且自我控制的品质也是将来能力与幸福真正的根基，一定要早早地将这种品质植入孩子的脑海中，在孩子刚刚具有知识与稍微懂事时就要开始着手，每一个对孩子的教育肩负责任的人都一定要倾尽全力让孩子具有自我控制这样的品质。第二，从另外的角度来看，假如孩子的精神因为严厉的管教从而遭到贬抑与打击，那么儿童就不会具有本应该有的活力与勤奋，与上一种状况相比较的话，这种状况更为糟糕。这是由于往往优秀与成功的人，在他们年轻的时候大多数都精神振奋且具有活力；那些失败的人，在他们年轻的时候大多数胆小怯懦且萎靡不振。如何避免这样的问题，真可说是一门艺术；假如将这种方法找出来，那么不但能够让孩子的精神保持舒适、积极、自由，同时还可以让孩子把对其他东西的欲望控制住，从而去尝试自己不喜欢的东西；在我看来，这种做法有助于帮助孩子调和这些表面上的矛盾，进而掌握教育的真正诀窍。

人们经常使用棍棒来惩罚、管教孩子，对于平庸的老师来说，这的确是他们首先想到的教育方法。然而在教育中最不应该采取的就是这种方式，这是由于它具有两个缺陷，正如前面我们所说，这两种缺陷会让人们左右为难，以至于这样的教育方法不会产生任何效果。

第一，痴迷于身体和现实的欢愉，并借此来逃避所有的痛苦，这是人类的本能，然而体罚这种方式非但无法将这种倾向控制住，反而会对其产生鼓励的作用，所有的恶行与罪恶便是由此产生的。孩子由于害怕被打从而开始刻苦读书、吃干净的水果，这是为避免皮肉之苦造成的，并没有其他任何的原因。如此的做法只是为了增加肉体的欢愉、减少身体的痛苦。用这样的方法来管教孩子，会产生什么样的后果呢？这种趋乐避苦的倾向依然存在，其他别的结果一个都没有！所以我认为，在管教孩子这方面，假如孩子不会因为自己做错事情而发自内心地感到惭愧，只是让他们受了皮肉之苦，那么这样的管教就一点用处都没有。

第二，通过棍棒来惩罚和教育，很大程度上会让孩子对那些东西产生逆反心理——那些老师希望他们喜欢的东西，有些东西孩子从一开始是喜欢和能够接受的，然而当他们知道受到打骂的原因皆是因为这些东西的时候，就会憎恶起这些东西来。难道这不是一件非常明显的事实吗？这种状况发生在孩子身上是十分正常的，纵然是成年人，也同样不可以使用这种方式让其接受一切的事物。就像一个人不想去玩一个对他毫无伤害却没有任何趣味的游戏，但有人非要让他去玩，并且还是通过棍棒和责骂的方式强迫他去玩；或者在玩乐的过程中，仅是由于发生了一些状况，就经常被其他人这样对待，难道有人会不去憎恨这种娱乐吗？结果当然是显而易见的，一定是会让人憎恨的。如此让人愤怒的状况一般会给与之有关的无辜事物造成影响的；比如有人经常使用同一个杯子将让人厌恶的药水喝掉，那么就算那个杯子非常干净，但是只要是见到了那个杯子同样会让人倒胃口，尽管杯子外表很漂亮，材质也很贵重，但杯子里的东西怎么都不会让人觉得美味。

第三，这像管教奴隶一样的方式只能培养出带着奴性的孩子。面对棍棒的威胁，孩子会选择假装服从；然而只要没有了棍棒的威胁，孩子就会释放自身的天性；体罚的方式对于这样的天性来说不会产生丝毫的影响；相反的是，这种自然倾向会在孩子的身上不断增加，而且有这样的管束后，如果爆发的话将会更加凶猛。

第四，这样的管理教育方法是非常严厉的，尽管现在任性的问题可以得到治疗，但是因为具有破坏人精神的作用，反而会带来更加危险的问题。到了那时，一个桀骜不驯的青年被消灭了，却换来了一个心神更为沮丧的青年，这种违反人类本能的拘谨状态的确能够取悦那些喜欢性格温顺、脑筋死板的孩子的蠢材。因为这样的孩子既不会吵闹，也不会觉得自己有什么烦恼；可是终其一生，无论是对自身，还是对他人，都是毫无意义的，或许还会让他的朋友们觉得不开心。

因此，假如要让孩子成为聪慧、贤德、光明磊落的人，那么类似棍棒教育以及另外奴隶性的体罚都不是合适的方法，这些方法只有在极端的情况下才可以偶尔用一用。另外，还要避免利用孩子喜爱的东西去奖励孩子，进而讨得孩子欢心的做法。如果父母仅是利用一系列孩子喜欢的事物如苹果、糖来督促孩子好好读书，那仅仅是认可了孩子对苹果、糖的喜欢，更多的是纵容了孩子自身所具备的一种极其危险的自然倾向的发展，原本这种自然倾向是需要父母尽最大的努力将其消除的。对于孩子的兴趣，要进行适度的约束和满足，要想让孩子完全控制自身的兴趣是绝不可能的。为了将来可以成为一个贤德的、聪慧的、德行高尚的人，孩子应当适当控制自身的欲望，只要是理智反对或者责任要求，孩子应当克制自身对金钱、衣服以及美食等东西的兴趣。然而父母以金钱当作酬劳，让孩子去做他应当做的事情的时候，比如孩子读书的时候，就用美味的食物作为奖励；让孩子帮忙做一些小事，就承诺给孩子购买漂亮的围巾与新衣服，这样的奖励就代表了家长认为这些事物是非常好的，是孩子应当追求的，然后鼓励孩子崇尚这些事物，让孩子把自身的快乐建立在这些事物之上。除此之外，没有任何其他的解释。因此，父母为了让孩子学习书法、舞蹈以及其他与孩子自身幸福感毫无关联的一些事物，便采用了这种不正确奖惩方式，导致孩子失去了好的德行，也将对孩子的教育本末倒置，孩子学到的只是贪婪、骄傲以及奢侈等不好的德行。这是由于这种方式鼓励了那些本应受到抑制与约束的不良喜好，甚至为将来孩子犯下过错埋下了隐患，只有控制自身的欲望，并让其顺从于理智，才可以将那些罪恶避免，否则毫无办法。

不让孩子享受所有对身心健康与德行有益处的舒适与愉快，这并不是我所希望看到的。事实恰好相反，我希望看到的是孩子可以享受到一切有益于身心的快乐，从而让孩子生活得更加愉悦；然而值得注意的是，孩子获得的一切快乐，只能是源于父母与老师对他们的尊重与赏识；绝不要让孩子不情不愿地去做一件事，或是只有给予额外的奖励才能让他们肯去做一件事情，这些都不是正确的让孩子获得快乐的方法。

或许有人会说，如果将棍棒管教的方式与用酬劳鼓励孩子的方式都取消，那么该如何管理教育孩子呢？——希望与恐惧都被取消了，一切的管教便随之结束。我认同这个说法，作为理性动物，人类的行为动机很大程度上都要归结于奖励和惩罚，以及善与恶；它们是所有人类在工作时接受引导的激励物与约束物，所以也应该可以在孩子身上使用。我不断地劝诫所有的父母以及老师，要时刻将这一点牢牢记在心里，即应该把孩子作为理性动物来对待。

我认可这个说法——如果要对孩子进行教育，就一定要对孩子有所奖励和惩罚。我认为不正确的地方是，人们所用的奖惩方式大多不够恰当。我觉得，如果将身体上的痛苦与欢乐当作奖惩施加在孩子身上的话，将会产生极其恶劣的后果；就像我之前所讲的一样，它们仅仅会让那些需要被加以克服与控制的兴趣变得更加强烈，如果所用的方法是满足孩子某种快乐的欲望，从而让孩子失去对另一种快乐的欲望，那么这将让孩子养成什么样的德行和原则呢？结果是显而易见的——只会让孩子的欲望变得更大，最终误入歧途。如果孩子哭闹着要吃一种不干净且对身体健康毫无益处的水果时，你将一颗对身体健康危害极小的糖果给了孩子，只为让孩子安静不再哭闹，这样的方法或许对于孩子的身体健康来讲是有好处的，然而却将孩子的精神损害了，因为孩子的精神偏离了正轨。此时，发生变化的只是欲望的对象，而孩子的欲望依旧是被鼓励的，而且觉得它理所应当被满足。我早已说明，这就是问题的根本。除非你可以让孩子控制这种欲望，否则尽管当时可能会静下来，然而问题并未得到解决。这样的办法就是将所有罪恶的源泉都培植在了孩子的身上，只要获得机会，那么就一定会以更加凶猛的方式爆发出来，不只是孩子的欲望会变得更加强烈，你的烦恼也会一并增加。

让孩子走向正道的奖惩办法完全应该归结成另外一种形式。它们拥有一种神奇的力量，只要让它们的作用发挥出来，那么事情就能成功，困难也就变成了历史。——只要人们对于尊重与耻辱的含义有了深刻的领会，那么对人们的心灵来说，这便是一种极具力量的刺激。假如可以让孩子具有荣誉感、羞耻心，那么他们就拥有了一种"真"的原则，这个原则发挥的作用将会是永久的，并且能够让孩子永远走在正道上。或许有人会说，如何才能让它变得可以实现呢？我觉得，开始的时候这件事看起来没有丝毫难度，然而我认为这件事情很值得我们花费一些时间去找寻并践行一种有效的方法，我认为这也是教育当中的一大秘诀。

第一，孩子（可能早于我们所认为的阶段）对表扬和赞美都是非常敏感的。孩子认为在获得他人的尊重与表扬的时候会得到一种快乐，特别是获得父母或者依赖之人的尊重与表扬。因此，如果父亲对孩子好的表现进行表扬，对孩子不好的表现进行批评或冷面相对，与此同时，母亲以及孩子身边的人也都以相同的态度对待孩子，那么用不了多长时间，孩子就会感觉到二者之间的区别；假如这个办法能够一直坚持使用的话，我相信它的效果肯定要好于威胁与打骂，假如威胁与打骂变成家常便饭，那么也就丧失了力量，假如孩子没有因此感到任何的羞耻，只能说明它毫无用处；因此，除了后面所讲到的极端状况之外，其他情况下都一定要禁止使用威胁与打骂的教育方法。

第二，为了让孩子可以深刻地体会到被尊敬或者被羞辱之后的快乐与羞耻，并将这种感受的程度放大，所以在孩子体会被尊敬的快乐时，一定要有其他让人感觉快乐的东西伴随着，在孩子体会被羞辱的羞耻时，一定要有其他让人不开心的东西伴随着，这些让人觉得开心与不开心的东西，不是对孩子某个行为表现的奖惩，而是随着孩子自身的行为所造成的被尊敬与被羞辱的结果自然而然产生的。这种方法能够让孩子知道：只有自己品行端正时才能被人尊敬且获得表扬，这样自然就能够获得一切美好的东西；反之，品行不端时会被羞辱，让人看不起，无法避免地会受到他人的冷淡与轻视，所以将得不到任何美好的事物。这种方法可以从最初就告诉孩子，只有品行端正以及具有良好名声的人才可以获得和享受自己所喜欢的东西，此时孩子的欲望反而会帮助他养成良好的品行。只要你可以凭借这种方法，让孩子为自身的不良行为感到羞耻，让孩子为自身品行的端正感到快乐，让他热爱自身的名誉，那么就能够很好地管教孩子，而孩子也会热爱一切美好的品行。

我认为，推行这个方法的障碍来自除了孩子父母之外那些愚蠢、顽固的人，因为他们有可能会对孩子的父母造成干扰。孩子做错事后会被父母冷淡，但却经常能够从身边那些愚蠢而又顽固的家伙那里获得安慰，最后导致父母所有的努力全都付之东流。当父母教育孩子的时候，所有人都要和其父母持有相同的态度来对待孩子，没有人能够例外，一直到孩子意识到自身的错误，请求父母的原谅并将错误改正为止。如果可以坚持这种做法的话，我认为就用不着再去打骂孩子；孩子为了能够不被打骂，获得舒适与满足，就会自然而然地学会如何去获取别人的表扬，从而不再去做那些一定会让所有人反对且令其自身受苦的事情。孩子会学会谦逊和知耻的品行，自己身上那些让所有人都嫌弃的缺点，孩子会很快就改掉。至于怎样解决身边人的干扰，只能让当父母的自己去思考了。我只是觉得这个问题非常重要，假如照顾孩子的是个小心谨慎的人，那么这样的父母也会十分幸福。

因此，我们应该尽量避免打骂孩子：这种方法只能让孩子对导致惩罚的不正确行为产生羞耻和憎恶的心理，除此之外没有任何作用。如果通过惩罚不能够让孩子认识到自身的错误，也不能让孩子知道朋友对自己的厌恶之情完全是自己咎由自取，那么棍棒管教造成的痛苦只能算是一种不完整的治疗。这种方法就如同只对伤口进行临时治疗，让其表面可以达到愈合的效果，但并不能将伤口根治；只有发自内心地产生羞耻心与敬畏心，才可以真正地约束自己。这两者都是真正可以管束人的缰索，能够让孩子走上正道。然而常常使用这种方法就会使它的效果大打折扣，孩子的羞耻心也终将会被毁灭。当孩子受到打骂之后，不开心的状态很快就会消失，但孩子再看到父母生气时就不会产生真正的害怕之情了。父母首先一定要考虑清楚，想明白孩子所犯的哪些错误是值得生气的。只要是生气了，而且还进行了惩罚，那就不能立刻将怒容收起来，而应该让孩子恢复原有的品德，辨明是非，彻底改正错误，甚至好于之前的表现，才能恢复之前对待他的态度。否则，把惩罚当成家常便饭来使用的话，就会失去其本身的功效，而犯罪、惩罚、请求原谅将会变成一种固定而又自然的过程，好比中午之后就是晚上、晚上之后是清晨一样。

荣誉感尽管不是德行真正的原则与标准——责任感才是，然而它却是最接近的。荣誉是众人依靠理智，一致给予具有德行之人的一种证明与赞美。所以在孩子还不可以用自身的理智来判断是非时，荣誉感是最适合启蒙与鼓励孩子的方法。

这可以让作为父母者了解应当用什么样的方法去批评以及赞美孩子。对于孩子不正确的行为是不可以容忍的，一定要加以责备，责备的话语要冷静严肃、没有感情，而且要在没有人的情况下进行；然而表扬孩子的时候，一定要在人前。对孩子的表扬通过大家广泛传播，其表扬的意义将会扩大；而由于父母没有宣扬孩子所犯的错误，孩子将会尤为看重他们的荣誉，他们认为自己的荣誉是完好无损的，因此会更加努力地去保护自身的荣誉；然而假如孩子的错误被当众公布之后，会让孩子感觉无地自容，他们会认为自己的荣誉被剥夺了，从而管束他们的工具就毫无作用了，越是受到打击，他们就越不愿意花费心思去保护自己的荣誉。

　　然而，如果采用正确的方法对孩子进行管教，那么我们就不需要过多地使用奖惩手段。这是由于，只要孩子可以尊重在场的所有人，那么对于孩子所有天真或者幼稚的表现都不会被加以约束的，相反还会尽量放纵孩子的这种行为。所有在孩童时期因为年纪造成的过失，如果能够等到长大之后再去加以改正，在孩童时期就能够不用受到过多的惩罚，而这种惩罚产生的结果无非就两种：一种是受到很多惩罚，然而却没产生任何作用，并没有将孩童时期的本性克服，以至于之后遇到一定要受惩罚的状况时，惩罚的功效也是削弱的；另一种是惩罚的程度很大，完全可以将孩童时期的童心压制住，最终导致孩子的身心受到了伤害。如果父母已经将威信在孩子的心目中树立起来，那么尽管有时孩子的行为有些吵闹和不合时宜（父母在场的情况下），但是只要父母的一句话或者一个眼神就能够让孩子立刻安静下来。然而这种脾性是和孩子的年龄以及性情彼此适应的，应该予以鼓励，让孩子精神振奋，拥有力量和健康，而不应该阻碍与束缚；把孩子必须要做的事情转变得像孩子喜欢的游戏一样，这也是教育孩子的技巧之一。

讲到这里，我要提到一个关于普通教育的错误观点，那就是孩子随时都要记住一些他们所不能理解的规则和教训，并且老是听过之后就将其忘记。事实上，如果想让孩子做一件事情或者想让孩子换个方法，最终孩子还是忘记没做或者没有做好的时候，此时应该让孩子反复去做这件事情，直到将事情做好为止。使用这个办法有以下两个优点：第一，能够通过一件事情了解孩子是否具有此项能力，是否可以在这方面对孩子抱有期望；这是由于有时我们会让孩子去尝试一些事情，尝试之后才可以了解孩子是否具有这方面的能力，或者是对孩子加以教育与练习之后才让他们去做。然而对老师来讲，下命令比教育要简单很多。第二，另外一个优点就是反复练习同样的动作，给孩子养成一个习惯，这样就不用再依靠记忆和回忆，可以顺其自然地将动作做出来，记忆和回忆是谨慎和年龄的产物，并非孩童时期的产物。好比在有人向孩子致意的时候，孩子将会鞠躬作答，在有人和他讲话的时候，他将会注视着对方的面容，对于接受过良好教育的人来讲，好比是呼吸空气一样，根本不用思考，也不用回忆，都是不断使用的原因。使用这个方法将孩子所有的错误改正了之后，也就代表着那些错误被永远地改正了。通过这种方法一件件地纠正，就能够将孩子身上所有的毛病都改掉，让孩子养成好习惯。

我见过一些爸爸妈妈给孩子设了许多的规则，孩子甚至连一成的规则都记不住，更不要说执行了。然而假如孩子违反这些复杂且十分不合理的规则的时候，就会遭到打骂。这个做法带来的后果就是孩子清楚地知道自身没有足够的注意力，肯定不会逃脱这些惩罚，索性就彻底地不管爸爸妈妈的叮嘱了。因此，给孩子制定的规则应当尽量少些，而像"绝对""一定"这样的规则更要少，甚至完全不应该有。这是由于，假如制定了太多的规则，会让孩子觉得受不了，最终的结果不出意外就是两种：一种是孩子常常遭受惩罚，但是过多惩罚造成的结果必定不会好；另一种是尽管孩子触犯了规则，但却不对其进行惩罚，结果就是孩子一定会轻视规则，此时你在孩子心目当中的威信也会随之降低。应当少制定一些规则，但是只要制定了规则就一定要让孩子严格遵守。年纪小需要的规则也不多，但随着孩子的成长，当一种规则已经通过实行而被确立，那么可以逐步增加其他的规则。

二、通过练习养成习惯

　　一定要记住，规则不可能将孩子教育得非常好，这是由于孩子经常将规则忘记。如果觉得孩子一定要做什么事情，就应当利用所有的机会，甚至在有些情况下可以去创造机会，让孩子进行必要的练习，使其成为孩子的一种习惯。通过这样的方式让孩子养成习惯，习惯一经养成，就可以不再依靠记忆，习惯就可以自然地将它的作用发挥出来。然而还是有两点需要提示一下：第一，在培养孩子养成习惯的过程中，对孩子进行的劝导和提醒一定要和颜悦色，不能声色俱厉地批评孩子，犹如孩子是故意做错事情一样。第二，不要一下给孩子培养太多的习惯，如果有太多的花样，会让孩子变得头昏脑涨，反倒一种习惯都培养不成，要让孩子将一件事情的习惯养成，可以自然而然且不假思索地做出来，然后再去培养其他的习惯。用这种反复实践的方法教育孩子的时候，并不需要孩子死记规则，而是需要家长或老师一直在监督和指导孩子反复地去做相同的一件事情，直到将这种行为习惯培养成功。不管出于什么考虑，这个方法所具有的好处都是比较多的，然而这种方法经常被人忽视，我认为这种情况非常奇怪，接下来我就讲一讲这种方法具有的优点。使用这个方法能够让我们明确了解孩子是否具有做这件事情的能力，这件事情的本身是否与孩子本身具有的天资和禀赋相符合，这是开展良好教育一定要考虑的事情。我们不可能将孩子的本性完全改变，因为我们没有办法让一个天生快乐的人变得忧郁，或者将一个天生抑郁的人变得欢乐的同时不受丝毫的伤害。人类精神当中有些品质是特定的，这些特定的品质和人类的外貌一样，只能略微让其产生一点变化，但绝不可能将其变成与之前完全相反的样子。因此，照顾孩子的人一定要把孩子的天性和才能进行仔细研究，而且要经常去尝试，看看什么事情对于孩子来说相对容易，什么事情对于孩子来讲相对适合；一定要看看孩子的天性是怎样的，具有什么样的才能，这种才能知道如何能够获得改进，更加适合做什么；换句话说，要考虑到孩子缺少什么东西，所缺少的事物孩子可以通过怎样的努力来进行获取，是否可以通过实践进行获得，是否值得为此努力。在很多情况下，我们可以做的事情以及应当做的事情，仅是将孩子自身具有的天赋尽量利用，还有就是在于如何防范那些最容易产生罪恶和错误的天赋，并将孩子所有的优点找寻出来。所有人的天

赋都应当尽量将其全部发掘出来，然而要是把孩子本不具备的
天赋强加在他的身上，那这样的做法就毫无意义，不过是白费
力气罢了；就算竭尽全力去加以粉饰，也仅是勉为其难，局促
不安与矫揉造作将永远存在于其中，让人非常不舒服。

三、矫揉造作的弊端

我认为，孩子矫揉造作这个问题并非自小就有，也不是因
为天性未经过教导而产生的。好比一种只生长在荒芜野地中的
杂草，现在反而生长于花园里，造成这种情况的原因是园丁的
疏忽或者缺乏能力。一个人为什么矫揉造作？一切的起源都是
这个人想要通过自身所接受的管理和教育，展现出自己有教养
的一面。他总想将自身的缺点加以改正，目的是取悦他人，可
是却一直无法达成此目的；因为越是耗费心神地装出一副优雅
举止的样子，往往就是离优雅举止越远。由于这个原因，因此
我们就越是要提防矫揉造作这个问题，因为它是教育的一种产
物；这确实是一种不正确的教育方式的产物，然而青少年或是
因为自身的错误，或是因为身边人不良的行为举止，经常会受
到这种不良的影响。虽然人们喜欢优雅的言行举止，然而只要
稍微研究一下就会发现，真正优雅的言行举止在于如何能够顺
其自然地在一个适当的场合去做适当的事情。所有人都希望能
够遇到文质彬彬、友好殷勤这样的人。所有人都喜欢举止优
雅，具有自控能力，且所有行为都不粗野庸俗与傲慢孤高，不
存在什么缺点这样的人。这样的行为是具有完善心灵的人所展
现出来的，也是心灵所流露出来的真实印记，这自然会让人们

感觉到开心快乐，这种行为既然是心灵的自然流露，那就一定是从容自若的，丝毫不会矫揉造作。我认为这样的行为是一种美，并通过人们优雅的举止行为将这种美展现出来，让人们的一举一动都是那样的灿烂夺目，与这样的人有所亲近，必定会为其倾倒。他们通过不间断的练习，让自己的言行举止变得优雅，在和人交往的时候，因为自身的生性以及养成的良好习惯，他们会非常有礼貌，且懂得去尊重别人。他们看上去神态自若，丝毫没有后天加工雕琢过的痕迹，所有都是那么的自然，这一切源于美好的内心与良好的品行。矫揉造作则与之相反，它将原本应该从容自若的事情以一种拙劣且做作的行为方式对其进行模仿，缺少的是那种自然而然的美好，这是由于当人们在矫揉造作的时候，外在展现的言行举止和内心的心灵是完全不相同的，具体表现有两点：

第一点，一个人本质上并不具有某种性情，但是却非要惺惺作态，并竭尽全力地将这种本不具有的性情展现在自己的外表上；然而，这样做作且勉强的言行举止会让自身的缺点暴露出来。好比有些人事实上没有悲伤、快乐或者慈爱的心态，而自己却偏偏装得很悲伤、快乐或者慈爱。

第二点，有的时候这些人并不会惺惺作态或者是假装自己具有某些性情，然而他们却使用一些和自身不相匹配的言行举止去表达自身拥有的某些性情。例如在和他人交往的过程中，他们会使用各式各样做作的动作、举止以及相貌，尽管他们原本的目的是想向他人表示尊敬与礼貌，或者是展现自身的满意与舒适。然而事实上这种不够自然、不够真实的表现，反而将他们心灵当中的一些缺点以及错误体现了出来。发生这种状况，大部分都是由于这些人虽然知道要去模仿他人，却不能辨别他人行为当中哪些是优雅，哪些是其本身就具有的性情。所有的矫揉造作，不管采用什么样的方式，都是让人厌烦的。这是由于人们与生俱来就厌恶所有假冒的东西，那些使用矫揉造作的方式博取他人欢心的人将会遭到谴责。

　　率真、自然、不矫揉造作的性情，要远远强于那些刻意地模仿与故意扮丑、搞怪。即使没有成功，或者行为上有些缺点、举止不够大方得体，一般情况下也不会惹人注意甚至遭到谴责。然而如果我们的言行举止变得矫揉造作，那就相当于是我们自身把所有缺点暴露于外，结果可想而知，不但会被人注意，还会让人觉得我们没有什么见识且为人不够真诚。对于这样的状况，当老师的人一定要尤为注意。这是由于，就像我在前面所讲的一样，有矫揉造作这方面问题的人，大部分都是没有教养且不会与人交往的人，然而这些人不愿意让人觉得自己不明白怎样和人交往，还经常去冒充有教养的人。除了这些人之外几乎没有其他的人，这种做法之所以会产生，主要源于不正确的教育方法；如果不出意外的话，大多的起因是由于老师的懒惰，老师仅仅将规则制定出来，进而提出范例，然而却不将教育和练习进行相互结合，不会亲自来监督学生重复练习某一种需要养成的行为习惯，导致当中失礼与做作的部分不能得到改正，从而使学生没有养成一个良好的且能够运用自如的行为习惯。

四、礼貌的培养

通常情况下，孩子弄不明白礼貌是怎么回事，但孩子身边的女性和女老师往往能够在这方面对他们提出很多有益的意见和劝诫，但我始终认为，与其用规则来教导孩子学习礼貌，倒不如用榜样来引导孩子。这样的话，假如孩子不去结交不好的朋友，能够知道有礼貌的行为可以获得他人的尊重与表扬，那么孩子就会把有礼貌的人视为榜样，愿意去模仿他们，从而让自己的言行举止变得更加优雅。假如因为礼貌的问题造成一些小的疏忽，例如孩子行脱帽礼还有屈膝礼的时候，动作姿态不够优雅，像这样的错误完全可以让舞蹈老师去教导孩子改正过来，并将率真天性中所含有的村俗之气一并去掉。我认为舞蹈是最能够让孩子拥有信心和优雅举止的学科，舞蹈可以让孩子和年长于他的人进行交流，因此我觉得只要孩子到了可以学习舞蹈的年龄就一定要去学习舞蹈。即使舞蹈仅是一种优雅的外在动作，然而不清楚到底是什么原因，舞蹈可以让孩子在思想与姿态上都体现出一种气概，因此舞蹈的作用要强于其他的教育方法。除此之外，我不赞成孩子在幼儿时期由于礼貌问题而要多吃一些苦头。你要清楚，孩子在礼貌方面所犯的错误是可以随着年龄的增长而改正的，所以完全没有必要为了礼貌的问题如此费心费力。在孩子还处在幼儿时期时，只要孩子的内心是有礼貌的（父母一定要早早注意及培养），举止当中的礼貌问题如果有什么不合时宜的地方，当父母的可以暂时不用担心。如果孩子幼小的心灵之中满是对长辈和老师的敬爱之情，那么就不会违背他们的意愿；与此同时，孩子对所有人也同样会怀抱着尊敬与善意之情；所以，当孩子具有这种尊重别人的心理之后，孩子就会自动去模仿他人所喜爱的言行举止，并以此来将这种心理表达出来。必须要在孩子的心灵之中将善良仁爱这样的原则建立起来；可以通过荣誉、表扬，还有随之而来的一切美好的东西，让仁爱善良这种原则成为一种习惯；通过长期不间断的实践，让仁爱善良这种原则在孩子的心灵之中慢慢地生根发芽，然后就不用再为此操心了，到时候孩子的身上将会自然而然地具有文雅谈吐与得体的外表；不过当孩子无须别人照顾自己的时候，一定要请一位拥有良好教养且品行端正的男士来做孩子的老师。孩子处于幼儿时期的时候，不管如何毛手毛脚，只要其中不存在骄傲或者不良天性的痕迹，所有的一切都是可以被原谅的。然而如果孩子有的言行举止表现出骄傲或者不良天性的痕迹，此时就应当依照前面所讲的方式，对孩子的言行举止马上进行纠正。我讲的这些，意思并不是说，尽管我们已经非常清楚如何才能让孩子变得有礼貌，也不应该在孩子幼儿时期就开始熏陶和培养孩子的言行举止。如果从孩子刚学会走路时起，就让明白礼貌教育的人使用恰当的方式去熏陶孩子，原本应该是一件非常好的事情。我不赞同的是，在礼貌教育这个问题上面，经常使用的方法都是不正确的。一直以来有的人从未对孩子进行过任何关于言行举止方面的教育，但是却经常（特别是有陌生客人在时）因为在礼貌方面存在的细微不周之处，就对孩子大声责骂，还有会在脱帽礼或者屈膝礼这些事情上小题大做。尽管从表面上看来这些人是在帮助孩子改正错误，事实上大多只是为将自身的错误遮掩起来。这些人为了不让自己遭到责备，就把一切的过错全部都归罪于可怜的孩子，仅仅是为了不让他人议论自己，害怕别人说孩子之所以没有好的言行举止，是因为他们对孩子的照顾不周，说他们不会正确管教孩子。从孩子的角度来讲，这样对他们而言是没有任何好处可言的。这种事情应当在事前进行教育，告诉孩子什么事情可以做，什么事情不可以做，而且应该对可以做的事情进行反复练习，直到养成习惯，而不是临时让孩子去做他们之前根本从未做过的而且不知道如何做的事情。每当事到临头就对孩子大声责骂，那根本就不是在教育孩子，而是无缘无故地在扰乱折磨孩子。家长应该随孩子自由发展，没有必要因为一些本就不是孩子自身的过错，也不是孩子听了一下劝告就可以将其改正过来的错误，而去大声责骂孩子。孩子处于幼儿时期，天生就有疏漏与率真，这些应该在孩子的年龄稍微大一些时再关注，这远远强过那些不合时宜的训斥，这是由于即使进行了这样的训斥，也不可能把孩子培养得具有优雅的言行举止。假如孩子心地善良，心里就有礼貌，纵使这样的孩子会由于缺少良好的教育而在外在上表现得粗糙一些，但是只要这样的孩子是在良好的教育环境当中长大，并且拥有言行举止十分得体的朋友，那么这种外在的粗糙绝大部分会随着时间和观察被冲刷干净；与之相反的是，假如这样的孩子常常和言行举止不良的朋友在一起，那么，即使用尽世间一切的规则，用尽所有能够想象到的惩罚手段，也依然无法让这样的孩子的言行举止变得优雅。我们应当认识到这样一个真理：对于孩子而言，即使能够给予他们所有的教导，并无时无刻地教导他们和礼仪有关的一切精湛的指示，然而，最终可以影响孩子言行举止的依然是那些和他们朝夕相处的人以及他们身边人的言行举止。孩子（成人依旧如此）的言行举止绝大多数是通过模仿获取的。人类本身就是一种模仿性超强的动物，所谓耳濡目染，近朱者赤，近墨者黑；在孩子身上体现出百闻不如一见的道理，也就再正常不过了。

五、孩子应当怎样交朋友

孩子应当尽可能多地与自己父母或者照顾他们的人待在一起。为了达成此目的，孩子在面前时，一定要让孩子觉得舒适自在；孩子在父母与老师的面前时，应当得到和他们年龄相符的自由自在，而不应该让孩子产生一种不必要的束缚感。如果孩子感觉在父母或者老师的跟前犹如坐牢一样，那么孩子理所当然地就不愿意和父母以及老师待在一起。孩子终归是孩子，只要不去做不好的事情，他们身上所具有的有些孩子气的游戏与有些孩子气的言行举止，都不应当被阻止，而且还应该给予孩子一定的自由。除此之外，为了让孩子愿意和自己的父母待在一起，但凡他们喜欢的事物都应当在孩子和父母相处的过程中由父母亲自给予孩子。

讲到朋友这点时，我真的想停笔不写，因为不想在这个问题上面打扰你。这是由于既然朋友带来的影响要大于所有的教导、教训以及规则，所以我认为再去探讨其他的事情以及那些毫无效用的事物，简直就是在浪费力气。你或许会这样讲，对于自己的孩子我又有什么办法呢？如果我总是让孩子待在家中，他就可能会成为家里的小霸王；如果将孩子放到外面去，外面又处处充满粗鲁和罪恶，孩子也会学到这些。如果让孩子一直待在家中，可能相对会比较天真，可是孩子将不会了解外面的人情冷暖；在家里没有新的朋友，每天能够见到的都是同样的面孔，但是一出门见到外面的世界，就会变成一个懦弱胆怯或者骄傲自大的人。

我认为，不管是让孩子待在家中或者是将孩子放到外面，都是具有弊端的。当然，如果常常让孩子出去外面，孩子的胆子一定会变大一些，也会更加擅长与同龄的孩子相处，由于同学之间的彼此攀比、竞争的关系，经常会让年轻人充满生机。但是，除非你为孩子找到的学校里，老师可以周到地照顾学生，可以让学生的品行培养工作见到成效，让学生受到熏陶，仪容整洁，就如同让学生将学者的言语全都学会并且成绩卓越。你必须要承认，你对语言的看法有点奇怪，因为你所在意的语言是诸如古希腊、古罗马的语言，而非让孩子变成勇敢无畏之人的语言，你认为拿孩子的天真与品行去冒险是值得的，这样他可以学到希腊文以及拉丁文。至于男孩子在学校朋友那里获取的大胆以及生气，大多数都带有一种鲁莽和不好的自信，这些不合时宜及不端正的处世方式与恶习今后一定要将其去除，取而代之的是好的原则以及能够让人变成有真正价值的人的言行举止。大家仔细想一想，一个人具有良好的生活技能，并且在为人处世方面也都受人称道，这些和从学校里的同学身上学到的粗鲁、诡计以及莽撞是绝对不可能相容的。尽管人们都认为私人的教育有些弊病，但是与学校的教育相比，私人教育所带来的弊端要少很多，所以就会想方设法地将孩子留在家中，让孩子的纯真与谦逊得以保持。这是由于把孩子留在家里的时候，他们接触的都是比较亲近的人，相比之下，那些可以成为有用与能干之人的德行更加容易学到。女孩子的成长可以说是在退匿腼腆中完成的，没有任何人发现或者觉得女孩子长大了就不懂事了，就成为一个相对来说不那么能干的人了，在对于这一点的认知上大家是不存在任何疑虑的。女孩子一旦踏入社会，会在和人交往的过程中快速获得一种适合她们的自信。至于男孩子，一定要避免所有的莽撞和吵闹，因为我觉得一个人是否勇敢和镇定，关键不在于这个人是否莽撞或者没有教养。良好的品行要比立身处世更难做到，很多青年人将德行丢掉了，这是很难恢复的。大家认为私人教育的弊端主要是懦弱无能与不明白如何立身处世。可是这个弊端并不是在家庭内部开展教育的必然结果，也并不是不能解决的问题。与懦弱、不懂得立身处世相比，邪恶才是更加固执且危险的问题，因此最应当加以防范的是邪恶。假如家庭教育会让人怯懦无用，那就应当极力避免，它最主要的目的在于培养德行；因为我们担心这种容易顺从的性格很容易受到邪恶的侵袭，使刚刚踏入社会的青年迅速堕落下去。年轻人在离开父母的怀抱以及老师的庇护之前，就应当拥有坚定的决心以及了解人性的好坏，让自身的品行保持下去。否则，假如他不清楚交友存在的危险以及不能坚定地抵抗住所有的诱惑，那么他将会误入歧途，走上危险的绝境。如果不是因为这个原因，也就不用如此费心且过早注意年轻人的羞怯、畏惧以及不懂如何立身处世的问题了。社交在很大的程度上能够将这个问题解决；假如不可以，那只不过就是有了个极有力的理由，证明在家庭教育当中有一个好老师的重要性。这是因为，我们之所以要耗费精力去培养孩子的男子气概以及自信的态度，其中最主要的原因就是当只有他一个人踏入社会时，能够让他的品性有所保证。既然坚定自主最重要的作用就是让他的品性得以保持，那么，只是为了让孩子拥有自信，得到一些为人处世的技能，就将孩子纯洁的天性牺牲掉，让天真的孩子同那些毫无教养且邪恶的孩子进行交际，很明显这是主次颠倒且不合情理的做法。这是因为，一旦聪明或者自信与邪恶同流合污，让其所具有的不好德行得到了支持，那毫无疑问，他已经误入歧途了；到了那时，无论用什么办法，都一定要把他从不好的朋友那里学到的不好的行为全都改正过来，否则他只能被毁掉。男孩子只要拥有与人交际的机会，变得自信只不过是时间长短的问题。在这之前，谦虚与顺从让孩子变得更加适合接受教育，因此之前完全没有必要太过注重培养孩子的自信。而让孩子具有良好的品行原则以及良好的教养，才是最应当耗费时间和精力去做的事情。这才是应当给孩子多加计划的事情，避免之后将良好的德行以及教养丢失。所以孩子需要充分准备，事先就要具备良好的德行以及教养；这是由于在孩子踏进社会以后，和不同人之间进行的交往会让他们的知识、自信与日俱增，但同时也非常容易把良好的德行以及教养丢失，因此应该充分地培养孩子，让其具有良好的德行以及教养，并让良好的德行以及教养深深地扎根于孩子身上。

六、导师以及家庭教育的具体作用

至于到底如何才能帮助孩子在长大以后更好地进入社会以及与人交往，我们在其他的章节再进行讲解。然而那种整天和顽劣的孩子在一起、明争暗斗，为了很小的事情便彼此之间互相欺骗，如果他们都能礼貌地相互交往或者拥有成功的事业，我是绝对不会相信的。从学校同学身上所学会的品行，大多数都是从各种各样的父母身上习得的，真是不知道为什么有的父亲竟然想要让孩子学会这些品行。我坚信，只要一个家庭能够请得起家庭教师，那么这个家庭可以通过家庭教师的教导，让孩子学会更加优雅的言行举止，培养更加坚定的理想信念，同时还可以学习什么是有价值的、什么是恰当的，并且可以将知识掌握得更加牢固、成熟和快速。对于这种情况，不能责怪学校的老师，因为我觉得学校的老师不太可能做到这一点。在家里只有两三个学生，而学校的教室里则满满当当地坐满了七八十个学生，这就是二者之间最大的区别。不管老师如何勤劳以及有能力，也只能是在学生齐聚学校时才能对他们进行教导，其他时间老师绝对不能够同时兼顾到五十甚至一百多个学生的；除了书本上的知识，没有任何办法能够让老师在其他的方面对学生开展行之有效的教育，在学生精神与礼貌的形成过程中，必须要给予他们不断的关注，而且有时候或许还要对学生实行具有针对性的教育，显然这对于许多学生来说是不可能实现的，并且学生每天大多数的时间都是独处的，还有的时间被其他同学的陋习传染（纵然老师有时间与精力对所有学生具有的个别缺点以及错误方向进行研究，并最终将其改正过来），这样的话，老师的努力只不过是在浪费精力和时间。然而一些身为父亲的人，看到一些胆大妄为的家伙运气却很好，所以就希望自己的儿子也能早早变得胆大起来；父亲觉得这代表的是一种佳兆，预示着孩子长大成人之后一定会兴旺发达，所以当父亲看到自己的儿子对同学使用阴谋诡计，或者在同学那学了一些古怪诡异的手段，就觉得孩子已经具备了谋生的能力，能够立身处世了。然而我不得不严肃地说，将孩子的幸福建立在良好的德行和教养的基础上，才是最为稳妥与安全的办法。造就人才所需要的不是同学之间使用的阴谋诡计，不是同学之间的相互无礼，也不是一起盗窃果园时详尽的计划；造就人才所需要的是刚正廉洁、大气慷慨以及严肃谨慎的品行，并加以观察和努力，但是这些品行我觉得如果是通过和学校里面的学生相互进行学习的话，应该是学不到多少的。假如跟随一个家庭教师学到的品行不如跟学校同学学到的品行多，那只能说明孩子父亲所选的家庭教师不好。你可以去文法学校选一个优秀学生，再去一个家庭寻找一个接受过良好教育的孩子，并且这两个孩子的年龄相同，之后让这两个孩子变成好朋友；这时你就能够发现，究竟哪个孩子的言行举止更具有男子汉气概，究竟哪个孩子在和陌生人谈话时表现得更加有礼有节、充满自信。我坚信，来自学校的那个学生在这种时刻会有两种表现：要么没有自信，要么骄傲自负并让人嘲笑，如果学生具有的自信心仅仅能让他与同龄的孩子之间进行交往的话，那还不如没有。经常听到大家抱怨，罪恶在这个时代发展得太过迅速，很早就把种子撒在了年轻人的身上，如果你敢冒险放任孩子在外面鬼混，任由孩子在学校里面凭借自己的机遇或倾向来选择朋友，孩子肯定会被流行病所传染。关于罪恶，近年来它到底为什么在我们中间如此兴盛，到底是什么人在姑息和放任罪恶，让罪恶如此嚣张，这些问题就留给别人去探讨研究吧。我真心希望那些对基督教有所埋怨的虔诚信徒、德行大大减退的人以及对当代绅士的学识和教养发出埋怨的人能够认真思考一下，如何能够将这些美德（良好的德行和教养）在下一代的人身上恢复如初。对此我始终坚信，假如青年人的教育和原则没有被打下一个良好的基础，那么剩下付出的所有努力与辛苦都白费。尽管我们通过自身具有的德行、本领以及学识将英格兰打造成了一个让全世界都不敢小看的国家，然而假如不去关注与保全我们下一代的纯净、谨慎以及努力的美德，而又期待我们的下一代具备足够的这样的德行、本领以及学识，在世界的舞台上继续大放异彩、获取成功，这简直就是天方夜谭。

我原本还想提及勇敢，尽管勇敢一直被认为是英国人与生俱来的天性。大家近来经常谈论一些发生在海上的事情，这些是我们的先祖见所未见的，在想到这些事情的时候，不得不说，荒淫无度会让人的勇气消磨殆尽；一旦真正的荣誉感被醉生梦死的行为所侵蚀，勇气将不复存在，我认为，无论世界上哪个民族，不管怎样以骁勇善战而著称，一旦被荒淫无度所侵染，纪律约束就会全部消融，嚣张、罪恶甚至会达到不以为耻的地步，那么这个民族将失去骁勇善战的威名，并且无法再威震其他民族。因此，在教育中非常难做的但又非常具有价值的就是德行的部分，是具有教养的德行，既不是莽撞轻率，也不是立身处世的任何技巧。其余所有的思考和成功都应当给德行让路，都应该列在德行之后。只有具备德行才能够具备坚实和真正的善良。老师不能只是教育谈论德行，更应当通过教导的工作以及技巧，将德行灌注到所有青年人的心灵之中。让德行紧紧地固定于心灵之上，而且这样的行为绝不可以停止，直到青年人对德行产生真正的兴趣，并将自身的力量、荣耀以及快乐放置于德行当中。具有的德行越高，取得成就也相对越简单。因为凡是依照德行行事的人，对于所有适合自身的事情，都不会表现出顽固或倔强的态度；因此我必须主张将孩子留在家中且放在父亲的眼前，并由具有良好的德行和教养的老师去教育他们，只要做到这一点，并且做得恰到好处，那么这将是达到教育中伟大目标的最稳妥、最具有保障的一种办法。绅士的家里有形形色色的伙伴；他们一定要让孩子习惯所有来访的外人，孩子一旦有了与有本领以及良好教养的陌生客人进行交往的能力，那么一定要让孩子进一步与他们交往。我不明白到底是因为什么，一些居住在乡村里面的人，在外出拜访邻里的时候，是不会带上自己的孩子一起去的。我坚信，父亲将儿子留在家里进行教育，与将儿子送至外面进行教育相比，不但有很多与儿子单独相处的机会，而且还可以给儿子相应的鼓励，从而免于让儿子受到其他人的熏陶。然而事情到底如何选择，很大程度上一定要由作为父亲的人进行仔细思量，根据实际状况和对自己方便的情况去选择；我认为，假如身为父亲原本就不想耗费精力去教育自己的儿子，那么这将是最不好的治家方式；不管他拥有怎样的处境，能够亲自教育孩子是父亲可以留给孩子的最好礼物。最终，假如依然有人觉得，家庭教育没有伙伴，但是学校的教育方法又不适合教导青年人，那么或许在不久的将来可以找到其他的方式与方法，能够完美地将家庭教育和学校教育的弊端给解决掉。

七、父母应该为子女树立榜样

之前已经讲过，朋友的影响是非常大的，我们所有的人，特别是孩子，尤其愿意模仿别人。在此我一定要冒昧提醒一下，任何已经为人父母的人，假如希望孩子能够尊敬父母、服从父母的命令，那么就应该同样尊重自己的孩子。因为"后生可畏"，你坚决不希望孩子模仿的事情，也坚决不能在孩子的跟前做。如果你觉得孩子做的某件事情是不正确的，但是作为父母的你却在不知道的情况下不小心地做了，那么，孩子肯定会用你做错的这件事情来保护自己，此时如果你再想使用正确的方式去纠正他所做的错事，就不是那么容易了。如果孩子看到父母做了某件事情，随后他也去做了相同的事情，然而父母却惩罚他，那么，尽管父母责罚孩子的出发点是爱护孩子，想要认真地将孩子身上的错误改正过来，可是孩子并不会这样觉得，孩子会认定父母是凭借长辈的身份，专横跋扈，没有依据地不让他去享受作为孩子应该享受的自由与快乐。如果父母觉得自己所享有的这种自由是成年人特有的权利，作为孩子不应该期望这样的事物，那么，这只会让孩子变本加厉地用你做的这件事情来保护自己，而且这种行为对孩子吸引力更大。所以应该时刻记得，孩子模仿冒充成人的行为比我们想象的要早。孩子喜欢穿短裤，并不是由于短裤好看的样式或短裤穿着舒适，只是由于穿短裤这个行为似乎就是成人的某个标志象征或者步骤。对于父母在孩子跟前的行为举止，我所讲的这些事情适用于所有有权教导孩子或者应当受到孩子敬重的人。

八、孩子的管教与惩罚

现在让我们再次讨论一下对孩子的奖惩问题。孩子所有的幼稚行为、粗鲁举止以及所有能够随着时间的流逝或者年龄的增长而逐渐改善的东西，正如我之前所讲的那样，从不使用棍棒对孩子进行教育，那么现在人们也就不需要经常对孩子使用棍棒了。如果我们在外语、读书、作文和舞蹈等这些需要学习的地方也用这样的方法对待孩子，那么在这种坦诚的教导之中，几乎用不到棍棒或者强力的方法。将这些事物教给孩子的正确方式是让孩子对这些你希望他们去学习的事物产生兴趣，然后孩子自己就会去主动学习。如果我们可以恰到好处地对待孩子，认真地使用前面提到的奖励和惩罚手段，同时在教育孩子的方式上遵从接下来要提及的几条规则，我认为这一点是很容易做到的。

（一）孩子应当学习的事物，绝对不能变成孩子的包袱，也不应当将其作为一项使命强加于孩子的身上，否则孩子会厌恶这些应当学习的事物。就算是孩子之前十分喜欢的事物或者起码不厌恶的事物，孩子都会对这些事物感到抵触。你可以叮嘱孩子，让孩子每天在固定的时间里抽陀螺，无论孩子情不情愿；你只需让抽陀螺这个行为成为孩子的一种义务，让孩子每天早晚都在抽陀螺这个行为上耗费很多的时间，长此以往下去，你看孩子是不是会在很短的时间内就厌烦所有的游戏。其实，作为成年人的我们何尝不是如此呢？如果孩子喜欢做的事情，一旦成了他们的义务，孩子肯定马上就会对其产生厌烦，并认为无法继续接受这件事情。无论你如何看待孩子，但他们和具有自尊心的成年人是一样的，孩子也想表现出自己其实是自由自在的，希望别人在看到自己身上所具有的良好的行为举止和教养其实是源于他们自身，希望别人明白他们其实是绝对独立的。

（二）所以，纵然是那些你已经让孩子完全产生了兴趣的事情，假如他们依然还是不喜欢去做，那么你就应当尽量不让他们去做。有的人非常喜欢读书、写作以及音乐，然而有时他们也一样会觉得读书、写作以及音乐有些枯燥无味；纵使那时强迫自己去做这些事情，最终的结果也肯定是自讨苦吃。孩子也是一样，因此应当特别留意观察孩子的这种秉性所发生的变化，注意把握孩子处在兴趣正浓时的最好时机；如果孩子自己不能常常保持进取的精神状态，就应该对孩子进行教导，让孩子真正意识到应该怎样去做，然后才能让孩子去做这些事情。我认为这件事情对细密周到的老师来讲不是一件难事，这是由于老师对孩子的秉性早已有所探究，会想方设法地给孩子灌注一些适宜的想法，让孩子能够喜欢目前所在进行的事情。使用这样的方式，能够节省很多时间，也让自己不那么疲惫，孩子在兴趣正浓时去学习，其效果将事半功倍，然而被迫、勉强的结果将会是事倍功半。如果此道理可以受到该有的重视，那么就能够放任孩子去玩游戏，直到孩子不愿玩了为止，他们依旧拥有充裕的时间去学习所在年龄应该学习的事物。然而一般的教育方式不会对这一点进行反思，而且也根本没有办法去很好地进行思考。这是由于那种粗劣的棍棒教育是建立在其他的原则基础上，且这种棍棒教育不能产生一种吸引人的力量，更不会去考虑孩子所特有的性情，不知道应该如何利用孩子兴致正浓时这一最佳时机。通过强迫、棍棒的手段，让孩子对自己所做的事情产生了反感，还希望孩子可以主动地不再玩游戏，然后再兴高采烈地去学习，这是多么可笑啊。但是，如果能够将事情进行合理安排，就好比把游戏当成学习事物之后的消遣，而所学的事物也一样可被当成游戏之后的消遣。——无论是学习还是游戏，都是需要付出劳苦的。但孩子天生就喜欢动、喜欢忙碌、喜欢变化、喜欢不停地转换式样，这是他们的天性，而且他们不会觉得辛苦。游戏和学习二者之间的差异就是，我们所指的游戏是孩子自由自在地去做一些事情，即使辛苦也是心甘情愿（你完全可以发现，孩子在做游戏的时候是从来不会吝啬气力的）；然而孩子所要学习的事物却通常是强加在孩子身上的，孩子是在被叮嘱、被强迫以及被命令的情况下去做这些事情的。这相当于从一开始，就已经给了孩子一记当头棒喝，孩子缺少的是自由。要想方设法地让孩子主动向老师请教问题，就和孩子常常向他们的朋友请教一样，而不是让老师去命令孩子学习，这样的话孩子就会觉得自己学习这件事情是源于自愿的，这与做其他事情是一样的，并没有什么区别，因此孩子就会和做游戏的时候一样，兴高采烈地去学习，此时学习和游戏就没有任何的区别。假如能够谨慎准确地使用这个方法，那么就能够让孩子心甘情愿地去学习任何你希望他学习的事物。我认为，教育第一个或者年纪大一些的孩子是最不容易的，但是只要可以将第一个或者年纪大一些的孩子引入正道，之后就能够借助其中的经验来轻松教育其他的孩子。

　　孩子学习的最恰当时机就是他们兴趣最浓、内心最想学的时候，那时候孩子的精神状态是非常好的，心思也都会放在要学的东西上面，所以在学习的时候不会感觉到任何的难受和厌恶，这是毋庸置疑的。然而依旧需要注重以下两件事情：一是，假如这样的机会未被谨慎准确地把握住或者说这样的机会压根就不会常常有，也不能因为这样就对孩子的教育有所忽视，从而让孩子养成懒散的习惯，这样就会让孩子更不愿做自己应该做的事情。二是，尽管在不具兴趣或不够专心的情况下是不能将应该学习的事物学好的，然而依旧需要非常注意一件事情，并且这件事情十分值得我们努力，那就是教育孩子学会如何控制自我，可以在衡量取舍之后将正干得高兴的事情暂时放下，然后心甘情愿、兴高采烈地去继续做另外一件事，或者可以在任何的时间里面摆脱懈怠的心情，让他们精神抖擞地投入理智以及他人教导的事情当中去。要做到这一点，可以在孩子精神懈怠、不想做任何事情或者想做其他事情的时候尝试一下，想办法让孩子努力去做一些指定好的事情。凭借这个方法，可以让孩子习惯于管控自我，在必要时将之前的想法或者事情放下，自愿或者毫无波澜地去做新的而且不心甘情愿去做的事，那么，这种方法在未来给孩子带来的好处，比要求孩子学习的很多其他事物所带来的好处要多得多。

孩子都是开朗好动的，但凡有事做，他们就会立刻动手去做，至于具体去做什么，有时他们是完全不在乎的，假如对于孩子的外在鼓励和强迫是相同的，那么跳舞和跳格游戏在孩子的眼中将毫无分别。也就是说，对我们想让孩子学习的事物而言，最艰难且唯一的障碍就是，孩子是被命令去学习的，学习已经被孩子视为一种职责，并为此受到了压制与责骂，这就让孩子做这件事的时候总是胆战心惊；或者，当孩子心甘情愿地去做这件事情时，却让孩子做很长时间，让孩子感到筋疲力尽；这一切的做法都过度地侵害了孩子对于这件事情本身的热爱以及原本就存在的自由。孩子可以对一个普普通通的游戏产生强烈的兴趣，其真正的原因就是自由。假如可以让教育方法实现彻底的改变，你就会注意到，孩子也会快速把自身的做法作一个改变；特别是当孩子看到自己尊敬的、比不上的、视为榜样的人时，更是如此。如果让孩子在看到他人所做的事情时能让孩子逐渐地明白那是年龄比较大和地位比较高的人所具有的特权，那么，欲望、上进心以及想要和地位比较高的那些人不相上下的野心，将会推动孩子更加努力工作，让孩子精神抖擞、快乐前行。这种快乐是由于孩子自身有这种欲望、想要去工作而产生的，孩子获得了自己所热爱的自由，这对孩子来讲是一种巨大的鼓励。此外，假如在声望这个方面也能获得满足，那么我认为其他的督促孩子努力的激励手段就可以暂且不用了。我认为，为了将某种目的达成，最开始确实需要隐忍、技巧、平和、专注和小心翼翼。但是，假如孩子的教育不用再耗费心神，那么还有必要聘请导师吗？而且只要这一点能够做到，之后所有的事情都会变得相对容易，这也是任何严苛与独断的管教方式所做不到的事情。我认为做到这一点并不困难，只要孩子身边有优秀的人做榜样，我坚信这并不会很困难。所以我觉得，唯一较大的危害是不要有人在孩子面前做出坏榜样。

就像尽量不要用棍棒惩罚孩子一样，我觉得任何经常的责备，特别是严厉指责，这些与棍棒惩罚所产生的不良后果也是差不多的。这会把你作为父母的威严以及孩子对父母的尊重同时降低。你要知道，孩子在很小的时候就可以把愤怒和理智区分开来，而且孩子对于那些源于理智的事物是非常尊重的，与此同时孩子会快速地无视愤怒。纵然孩子能够暂时地被愤怒征服，然而这种征服的力量会快速地荡然无存。由于本能所致，孩子很快就会无视这种失去理智与装腔作势的威胁。只有当孩子真的做了罪恶的事情的时候（孩子在幼年时期几乎不会做），才值得父母对孩子加以惩罚，假如孩子做了错事，要将孩子犯的错误改正过来，那么只要给孩子点教训就可以了。纵然有的时候必须要对孩子进行责骂，然而责骂的言语也一定要庄重、随和、具有威严，一定要告诉孩子他们到底哪里不对或者哪里不合时宜，而不应该仅是责备孩子几句匆匆了事。如果这样会让孩子无法分清你愤怒的原因到底是对他们本身生气多，还是对他们所犯的错误生气多。严厉的指责经常会掺杂一些粗鲁卑劣的词语，这样做会产生非常不好的结果，那就是会将这些粗鲁卑劣的词语同时教给孩子，而且相当于默认了孩子可以这样去说。既然这些粗鲁卑劣的词语是父母或者师长教给孩子的，那么孩子使用这些粗鲁卑劣的词语也就有了一个很好的依据，因此孩子会把这些粗鲁卑劣的词语用在旁人身上，并且不会有任何的羞愧感或者顾虑。

讲到这里，我知道一定会有人不赞同，他们会说：如果孩子犯了错误，既不可以去打，也不可以去骂，那么应该怎么办呢？这样的做法是否相当于把束缚所有混乱的缰绳松开了？实际上，我们只要从最开始教育孩子时就使用正确的方法，并且如前面所讲的一样，及时将孩子对父母的尊敬之心培养起来，那么所有的事情就不会弄到如此田地。通过长时间的观察，你会发现，假如孩子在被打骂时所害怕的或者所受到的惩罚仅仅是棍棒造成的身体上的疼痛，那它所带来的好处并没有很多；因为这种身体上的疼痛会很快消失，孩子对这种疼痛造成的记忆也会快速消失。然而，有一种错误，我认为也就只有这种错误，孩子是一定要接受棍棒的惩罚的，那就是固执甚至是反抗。即使是在这种状况之下，我的看法还是尽最大的可能让打骂带给孩子的羞愧感远远超过身体上的疼痛感。唯一真正符合德行约束的是，犯了错误，为自己受到的惩罚感到羞愧。假如孩子被责打却并不为此感到羞愧，那么棍棒给孩子所造成的疼痛很容易就会消失，而且被忘却，甚至在不长时间之后，孩子就会因为习惯了被责打而不会惧怕责打本身所具有的威慑力量。我知道有一家名门望族，其管教孩子的方法是让孩子惧怕脱鞋，就像其他孩子惧怕棍棒一样。我认为脱鞋这样的惩罚要好于打骂孩子，这是因为，如果你想让孩子具备真正光明磊落的秉性，那么孩子最应该惧怕的一定是羞愧于做错事情以及随之而来的羞耻感，而并非身体的疼痛。然而固执和反抗是应当使用强力或者棍棒方法去战胜的，因为除此之外别无他法。不管什么事情，假如你已经命令孩子让他去做或者让他千万不要去做，那么必须要让孩子服从不可；这种时候不可以作出一丝一毫的让步，也不要允许孩子有任何的反抗。假如你吩咐，孩子反抗，造成一种你与孩子之间彼此用诡计争胜负的场面，那么这种时候你就必须要贯彻到底，假如用眼色或命令依旧毫无效力，这种时候就必须使用棍棒方法了，除非你愿意在今后的日子里一直顺从你的孩子。我认识一位和蔼可亲且谨慎的母亲，有一次这位母亲就遇到了这种状况。小女儿刚刚回到家中，她因为一件不是很重要的事情要让女儿服从自己，在那天早上一共打了女儿八次，才彻底将女儿的固执与反抗消除。如果这位母亲提早一刻松手，比如在打到第七次的时候就不再继续打了，那么她就从此将这个孩子毁掉了，这是由于这种不完全的方式只会让孩子的娇气不断增长，这在今后也是非常难以改正的；然而这位母亲非常聪慧地把这种做法坚持到底，直到将这种惩罚方法的唯一目的达成，就是女儿的心灵被战胜、意志变得服从，因此于这一次机会当中，这位母亲已经彻底地把自己的威信树立了起来。从此往后，不管任何事情，她的女儿都会马上顺从母亲的盼咐；虽然这位母亲是第一次打骂女儿，但我坚信这也将是最后一次打骂她的女儿。在孩子第一次应该受到打骂之苦时，就一定要在彻底地将目的达成之后再停止，否则之后还要逐步将打骂升级，应当让这种打骂造成的痛苦战胜孩子的心灵，将父母的威严树立起来；威严树立起来之后就要采用一种严厉当中带有随和的态度，并让它一直持续下去。如果大家能够认真地想下这个道理，那么就会十分小心地采用棍棒教育方法，而不会再觉得棍棒教育方法是一种万全之策，能够随时胡乱使用。确实，棍棒教育方法假如无法发挥良好的效果，那么将会造成不良的危害，假如这种方法不能够触及内心，让意志变得轻柔，那么将会让做错事情的孩子变得固执无情；不管孩子受到了多少由棍棒造成的痛苦，也只会让孩子更加油盐不进，这是由于这种顽固不化已经让孩子获得这次的胜利，所以导致孩子会再一次去计划取得这种胜利。所以我坚信，原本很多能够成为温柔良顺的人，因为不正确的惩罚方式，最终造成了顽固不化的脾气秉性。这是因为，如果你这样怒不可遏地惩戒孩子，似乎仅仅是为了惩罚孩子所犯的错误，但是这种做法对于原本应该加以矫正的内心到底可以发挥怎样的作用呢？如果孩子所犯的错误中没有顽固不化的脾气秉性或者特意的成分，那就压根无须使用严苛的棍棒惩罚方法。一种随和的或严厉的劝告就能够改正孩子因为意识薄弱、大意健忘或毛手毛脚所导致的错误，孩子需要的也不过这样而已。然而假如孩子的意志当中真的含有执迷不悟的成分，假如还是一种存心的、刻意的对抗，那么惩罚的程度是绝对不可以根据孩子所做错的事情的大小而定，而应当看孩子对父母的吩咐到底不尊重、不顺从达到了怎样的程度。父母一定要让孩子一直严格地执行他们的吩咐，否则就要持续地打骂，直到打骂的力量直达孩子的心灵，你可以从中看到一种真正的悔悟、愧疚以及心甘情愿的顺从。自然，打骂不应该只是命令孩子去做一件事情，如果孩子一旦没按我们的命令去做或者做得没有达到我们的预期，那么就给孩子一顿打骂，这是不应该的。我们还应该小心谨慎和注意观察，而且应该仔细研究孩子的性情，认真分析孩子所犯的错误，才可以对孩子进行这样的惩罚。这样的做法要比手中时刻拿着棍棒，并将它作为管教孩子唯一的方法好很多。不分场合地胡乱使用棍棒、使用这个最后的有效方法，等到不得不使用棍棒时，这种方法也就不具有任何的效力了，难道这样做是件好事吗？假如每当孩子犯了错误，不分大小，便是非不分地就对孩子进行打骂，难道除此之外就没有什么其他的方法了吗？倘若一个性情温柔、努力勤劳的孩子把一本书的索引查错了或者写作文的时候用错了一两个字，便用棍棒狠狠地打孩子，那么这与对一个顽固不化的孩子存心做错事情的时候所受的对待是一样的，这怎么可能对孩子的心灵产生良好的影响、让他走上正道呢？改正孩子的内心是我们唯一应该探寻的事情；只要内心向正道走去，那么所期待的所有事情都将随之到来。

假如孩子的意志方向不正确，但又无须改正的情况下，那么棍棒方法也没有必要去使用。至于其他各式各样的错误，只要孩子的内心不存在问题，也不去对抗父母或者老师的管教与威严，那这样的错误就仅是普通错误而已，可以不去进行理会；纵然要去理会，也仅仅是用随和的劝诫方法去干预。教导与训诫就足够了，除非孩子反反复复地存心不予理会，这就表示问题源于内心，不顺从的根源出于意志，造成了孩子的顽固不化。然而一旦发现了出于心灵的顽固不化即公然对抗的时候，我们一定不可以假装不了解或者不予理睬，而一定要在它第一次被发现时就对其进行克服和控制，只是一定要小心谨慎，以防出错，一定要看清楚它确实是顽固而并非其他的事物。

可是，既然应当尽量阻止这样的惩罚，特别是棍棒惩罚，那么我觉得就不应该经常对孩子进行这样的惩罚。孩子只要具有我所讲过的敬重之心，那么在绝大多数的状况之下，只要给孩子点眼色就可以了。而且，我们也不应该期待尚且处于幼年的孩子和年龄较长之人拥有相同的行为举止、相同的威严与努力。就像我说的一样，但凡和孩子的年纪相符的幼稚无知的行为，都应当被允许而不要去多加理睬。毛手毛脚、喜欢快乐就是孩子幼儿时期的特征。我觉得我之前讲的严厉方法不应当被扩大为这种不合时宜的管教，也不应该将孩子的年龄或者脾气秉性的本能产物仓促地定义为油盐不进或者存心反抗。就这样的错误而言，我们应当将这样的孩子当成天生的弱者，并去帮助他们改正弱点；这样的弱点在提醒之后，纵然重新出现，也绝对不可以觉得是由于忽略的原因，而马上将其视为油盐不进。意识微弱所产生的错误诚然坚决不应该被忽略，不应该被置之不理，然而除非这样的错误当中含有特意的因素，否则就不应该被夸大其词、对孩子责骂得太过厉害，而应该在时间和年龄能够允许的范围内，用一种温柔的方式让他们彻底地改正错误。这样一来，孩子就可以了解所有的错误当中最主要的令人厌恶的地方到底是什么，进而学会怎样去把那种错误避免和改正，这样就让孩子保持具有正当的意识；要竭尽全力地让孩子了解，正当的意识能够让他们不至于遭遇任何极大的痛苦，而孩子其他所有的弱点都会获得老师和父母的关怀与帮助，而非愤怒与震怒。只要不让孩子接触到罪恶、养成邪恶的脾气秉性，孩子在每个年纪所体现出来的言行举止通常都是与孩子的年纪、日常交往的朋友相符合的；同时随着孩子年纪的增长，也就会更加地用心与勤奋。然而，在任何时候父母的话应该一直具有分量和威严，只要你叮嘱过孩子不让他去做某件幼稚的事情，你就必须做到，且不能让孩子占上风。但是我依旧认为，在这样的状况下，除非孩子的言行举止有罪恶的倾向，否则当父母的人应当尽量少用权力，以及尽量少下命令。我认为除此之外还有其他更好的办法能够较好地制服孩子：只要在开始的时候，孩子能够服从你的意志，那么在很多情况下，随和地劝说效果会更好。

九、孩子的自然倾向、要求的合理性及应对方法

我曾经说过，孩子是渴望并且酷爱自由的，所以在这一点上我们应该正确地引导他们，让他们去做更适合自己的事情，而不要让他们觉得自己受了任何约束。在这里我还要明确一点，那就是他们所喜爱的另一件事——统治：而这也是在日常生活中经年累月自然形成的不良习惯的根源。孩子对于权力和

统治的痴迷很早就已经表现出来了，尤其体现在下面的两件事情上。

第一件事就是我们可以看到孩子在降生之后，还在牙牙学语的时候，就会为了满足自己的愿望而不停地哭泣、耍性子、闹别扭、不开心。因为他们想要别人来满足自己的愿望，试图让周围的人都随时随地照顾他们，尤其是那些年龄和地位跟他们相差无几或者比不上他们的人，他们只要转一下眼睛就能够看出其中的区别，就会这样去做了。

另外一件表现出他们热衷于进行统治的事情，是他们想要把所有的东西都收归己有。小孩子是争强好胜的，他们想要占有自己所看到的一切事物，而且会为了所得到的权力以及争夺来的、必须属于自己东西的处置权而感到无比开心。如果你们没有关注过孩子身上表现出的这两种心理状态，那么可能你们根本就没有关注孩子的行为。这两种心理就像是魔鬼，扰乱着人类正常的生活，是一切不公正与竞争的罪恶源头。如果人们简单地认为这种渺小的心理状态根本不需要过分重视和及早根除，那么他们可能就错失了为一个善良而有价值的人奠定基础的最佳时机。为了达到这一目的，我想下面几点是可以帮助我们的。

第一，我曾说过，孩子想要迫切得到的东西绝不可以让他得到，他哭闹着要求的东西也不能够让他轻易得到，甚至是他所提到过的东西也是一样。不过这样的说法可能会引起家长们的误会，让别人以为我的意思是不可以让孩子向父母索要任何的东西，觉得这样的做法对孩子非常残忍，束缚了孩子的精神世界，对孩子与父母彼此之间的爱和感情造成很大的嫌隙。当然，事情并非如此，这些猜测也是毫无依据的，在这里我也详细地解释一下这几句话的含义。孩子理应有这个权利和自由——向父母诉说自己的各种需求，父母们当然也要善于倾听孩子的诉求并尽量满足他们的各种需要，至少在孩子年幼时是应该如此的。但是，"我饿了"与"我要吃烤肉"是两种完全不同的意思。孩子诉说了自己的需求、诉说了他们所遭受的饥饿、口渴、寒冷或者其他痛苦，父母以及关心他们的人就有责任与义务去解决他们的问题、缓解这些痛苦，但是问题如何解决、痛苦如何缓解、需要哪些物资，是应该让父母们去挑选和安排的，而绝不是让孩子自己提出要求。一旦他们提出这种要求，不管他们要什么，都不能让他们得到。

在这里，父母应当注意的是区分他们的需要，到底是出于爱好，还是自然的需求。贺拉斯在接下来的这句诗里就很好地阐述了这一观点：

得不到的东西往往最令人痛苦。

凡是真正自然需要的东西，没有理智或其他因素的干预，仅凭自己的力量是无法抗衡的，也无法抗拒它们的到来，比如生病、饥饿、口渴、寒冷、失眠，以及疲惫的身体不能得到充分的休息或放松，等等。这些所引起的各种心灵或肉体上的痛苦，是每个人都能够亲身感受到的，就算是内心足够强大的人也不能够避开它们所带来的不适。所以我们应该用正确的方法来消除或者缓解它们所带来的痛苦。当我们最开始遇到它们的时候，情况还没有那么糟糕，就算是耽误一点时间也并不会造成不可弥补的危害，此时我们应该做的就是静下心来、稳住心神、切勿急躁，一点点地处理它们。自然的需要所带来的痛苦其实是对我们的示警，此时我们应该抓住它给我们的重要信息，小心应对着随之而来的更大危害。所以这种痛苦是我们不能置之不理的，但是聪明的人可以让孩子适应这种艰难困苦，让孩子的身心变得强大，这对孩子也是极为有益的。在这里，我也不用再提出任何的建议与警示，去要求孩子受到的锻炼一定要限制在某种有益的范围之内，要求孩子所受的苦既不会挫伤他们的积极性，也不会损害他们的身体健康，因为父母们的做法只会更加温和。

但是，从自然需要的角度来看，我们无论付出多么大的代价，都要满足孩子。而爱好的需要却恰恰相反，它是家长们避之唯恐不及的要求，如果条件允许，最好连提都不要提起。如果孩子们提出这样的需求，我们会立刻阻止他们。就好像当他们需要衣服保暖时，我们一定会立刻满足他们的要求；但是如果他们所提出的要求是关于衣服的款式、颜色以及材料等，那我们就绝不允许，也绝不会满足他们。我并不是在要求孩子们的爸爸妈妈一定要在这些不大不小的事情上跟子女们唱反调；正好相反的是，只要子女们的行为举止是值得提出要求的，而且他们提出的要求不但不会颠覆他们的精神世界或者让他们的精神变得更加脆弱，也不会让他们去热衷于一些琐碎的小事情，那么我觉得家长们就应该尽全力去满足他们的要求，让他们满意，让他们了解正确的行为是可以得到支持和快乐的。但是对于孩子来说，忽略这些小事才是正确的行为，最好是根本不要让他们的精力和快乐放在这些无用的东西上面，也不要让他们的快乐建立在对爱好的支配上，而要让这些事情进行得顺其自然。这是作为他们的父母和老师理应追求的终极目标，但是在这一目标还没有完全达到之前，我还是会反对孩子们的一些要求，因为孩子所要求的那些华而不实的东西是永远都不应该被满足的，我们也有理由约束他们。

　　爱子心切的父母对孩子多少都会娇惯一些，因为他们感觉这种做法对孩子来说过于严苛，但事情并没有超过必要的界限。首先，因为我所提出的各种方法都是用理性的角度来解决问题，而不是传统的棍棒式教育。那么，以这种方式来约束孩子的发言权，对于建立我们在其他地方所提及的敬畏之心、建立孩子对父母应有的尊敬和崇拜是大有裨益的。其次，这样的做法可以帮助和教导孩子学会克制自己，控制自己的喜好，把控自己的人生。他们也因此可以学会抑制自己欲望的技巧，每当有欲望萌芽，他们可以在最佳的时机克制住原始的冲动。人类的欲望往往会因为有了发泄的渠道而变得异常活跃且强烈。换言之，若一个人敢于把自己的愿望公之于众并且作为要求提出来，那么他一定认为这个要求是需要被满足并且一定要实现的。我无比坚信的是，一个人可以毫无顾忌地拒绝任何人，但是未必会容忍任何人拒绝自己。因此，孩子应当尽早习惯运用自己的理智去选择自己的爱好，不要过分放纵自己的欲望，不要一味地要求别人。抑制自己的内心欲望，不将这些说出口，是我们迈向成功的一大步。孩子如果养成了这种良好的习惯，可以控制住自己的一时冲动，在爱好面前可以学会隐忍，在说话之前能够先用心思考一下语言的正确与否，那么在今后，在遇见其他重大的事情上，这种习惯带给他们的便利是无法言说的。还有一件事，我要再次强调，那就是就孩子的每一个行为，无论涉及什么事情，是大事情也好，是小事情也罢，我们主要或者必须应当考虑的是，它将对孩子的心灵造成什么样的影响；它会让孩子养成什么样的日常习惯；当孩子渐渐成长起来，这些影响或者习惯是否还会适合他，如果对他的某种行为加以鼓励或支持，当他长大成人之后，它是否能够把他引入正途。

所以，我的意思并不是故意把孩子弄得全身都不舒服，这样做也未免不太厚道、过于恶毒了，而且孩子也会受到这种行为的错误引导。我们应该正确引导孩子去克制自己内心的欲望，让他们养成可以控制自己的欲望、磨炼自己的身体的习惯，从而让自己的内心和身体都变得充满朝气、安稳舒适和强健有力，而这一切都不会让他们感到一丝丝恶意。当他们不顺心、得不到自己想要或者谋求的东西时，会让他们学会谦虚、服从和隐忍；用孩子喜爱的东西作为对他们谦虚和沉默的奖励，能够使他们体会到教育者的良苦用心以及对他们无私的爱。现在的他们能够摆脱自己的私欲、安于现状，也是一种美德；这种美德可以让他们在某个适当的时机获得自己所中意的东西，以此作为奖励，而这种奖励也应该是一种良好的行为结果，而不是有着某种交换条件的交易。但是，如果他们能够轻易地从别人那里得到他想要的而且是你曾经拒绝给予的东西，那么你所做的一切努力都将化为泡影，而且还会失掉他们对你的爱和崇拜，所以这种情况是我们必须要制止并小心防备的。

如果能够从很小的时候就开始利用这种方法来教育孩子，让他们习惯于隐藏自己的内心欲望，不轻易将欲望暴露在别人面前，那么这种良好的习惯便可以使他们安稳下来；以后随着年龄慢慢增长，做任何事情也会谨慎行事，用理智去代替情感，他们也可以在很多方面得到较大的自由，因为用理智所说的话都是应该听从的。当孩子说要某一件特定的东西时，除非这件东西是你此前已经向他们许诺的，否则绝对不可以听他们的。相反，当他们想要了解某种东西而发出提问、想深入了解它的情况时，家长们就应该细细聆听他们的想法，站在一个公正的位置上用耐心和理智去回答他们的问题。孩子的其他欲望是我们要加以控制的，但他们的好奇心却是我们要小心保护和呵护的。

不论我们采用何等严厉的手段去对待孩子对某种事物的欲望，有一种情况是一定要被允许并且要认真听取意见的。就如同工作或者食物对于人们的作用一样，消遣也是一种必不可少的东西。消遣总是伴随着快乐，而快乐却不一定永远伴随着理智，相反它依靠欲望的时间要更多一些。所以我们不是不能允许孩子去放松和娱乐，而是觉得他们应该按照自己的方式去娱乐，而且这样的娱乐方式应该是单纯无害的——不会对他们的身体健康造成危害。因此，在消遣娱乐的情况下，如果孩子提出某一项的消遣，我们是不应该拒绝的。虽然我认为，如果家长们采用的是适合孩子的教育方法，孩子是几乎用不着有这种要求自由的想法的。家长们也要特别注意一点，只要是对孩子有益处的事，一定要让他们开开心心地去完成。但在他们对某些有益的事情感到厌烦之前，应该及时转移他们的注意力，去做另一件有益的事情。

不过，如果他们还没有达到完美的程度，没有让某种进步的方式成为他们消遣的方式，那么就应该彻底放松，让他们去做自己喜欢的事。例如一些大人看起来特别幼稚的游戏，在做这种游戏时应该一直让他们不受干扰地做下去，直到他们做得太多感到厌烦之后而也不想去做了。但是在他们去做有益的事情时，我们则要留下些悬念让他们有所惦念而不断回味，最不理想的状况也是要在他们还没感到疲惫、也还不至于达到厌倦感觉之前就让他们放手，使他们再一次想起时还能保持初次动手的新鲜感，那么做起来也会更加开心。因为，除非孩子能够发自内心地、开心地去做对他自己有益的事，除非交叉进行身心锻炼使得他们的生活和进步在放松的消遣中变成了一种快乐的事情，与此同时，疲惫的部分也得到了休息和恢复，否则你决不能认为他们已经走上了正轨。我不知道是否所有脾性的孩子都能够达到这种境地，我也不知道老师和父母们是不是都会努力、谨慎且耐心地使孩子们去达到这样的境地，不过我坚信，只要办法正确，想让孩子得到其他人的信任与尊重、想要得到赞扬与美名，那么大部分孩子是可以达到这种境地的。当孩子从此拥有了更多的真实的生活经历之后，便可以无所顾忌地与他们探讨一些最能使他们感到快乐的事情，引导他们或者放任他们去做那些让他们快乐的事情。这样一来他们便会明白，自己受到的是关爱和呵护，那些管束和教导他们的人并不只会反对他们得到欲望的满足，这些人不是自己的敌人，而这样的教导也会使他们用心去爱这些指导他们的人，爱他们被指导去做的事情。

在消遣方面让孩子拥有选择的自由还有一个最大的好处，那就是可以挖掘他们的才能、了解他们天然的脾性、显露他们的兴趣爱好，从而可以让父母更轻松地为他们选择更适合他们的生活和事业。与此同时，如果及时发现孩子性格中存在着任何的劣根性或者易于把他们引入歧路的东西，也可以很快找到补救办法，从而去解决问题。

第二，孩子们在一起玩耍的时候，都希望自己高人一等、用统治的态度去对待别人，也喜欢用自己的意志去支配其余的人，这也是我们要制止的一个问题。无论是谁以这种理由发起战争，都要受到严厉的制裁。不仅如此，还要教他们懂得人与人之间应该彼此尊重，学会谦卑有礼、和蔼待人。他们一旦理解了这个问题，明白这种美德可以让自己得到他人的尊重、关爱与重视，同时也不会影响自己在他人眼中的形象地位，他们就会更加喜爱这种美德，并且会努力做到，而不会再用那种盛气凌人的态度去对待别人了。

孩子们之间偶尔互相打闹、打小报告，通常情况下不过是一些情急之下的怒火和报复的吵闹，目的不过是想得到别人的支持，然后站在自己的一面。但是，这种想法是不应该被接纳，也不应该被听取的。一味纵容他们抱怨、委屈，会使他们的精神世界变得脆弱、想去依靠别人；如果遇到些打击或者在外面受了别人的气，不会让他们感到奇怪或是不可容忍，能够让他们从容面对、隐忍不发，那么这样良好的品质和忍耐力的锻炼，对他们是有利无害的。显然，告状的行为是不被允许的，也不应该支持和鼓励告状的一方，但是我们却仍然要去制止侵害一方的武力蛮横与恶意。如果家长们目睹了整个争吵过程，那么你就一定要当着受害者的面严厉斥责。但如果所告发的事情确实是要去关注和注意的，为了让它不会再次发生，就要回避告状的一方，单独对犯事的人加以训斥，然后再让他去向对方道歉赔罪。通过这样的方式去赔礼道歉，看上去就像是犯事的人认识了自己的错误，自愿去向受害方道歉，于是他也会比较愿意去做，而对方也会比较容易接受，那么最后的结果就是两人之间的感情可以得到升华，而你的孩子们也会越来越懂得礼貌待人。

第三，关于得到和占有一些物品，家长们要教导小孩子把自己的东西分享给朋友，不应该感到为难，也不应该感到吝啬，要让他们从与其他小朋友的交往中了解和总结到，最慷慨的人虽然付出很多，但是得到的更多，而且还可以从日常的小事中逐渐获得别人的尊重与称道，这样他们就能够很乐意地学着去做了。我觉得，相比于那些经常让孩子头昏脑涨的数不清的规矩，这种办法可以让孩子们更懂得与兄弟姐妹和朋友们之间如何更有礼貌地相处，也可以增进彼此之间的感情，甚至可以对别人也更加礼貌和温和。贪婪、占有、妄想一些不属于自己的东西，是一切罪恶的源头，应当及早地铲除这些错误思想，而那种乐于帮助、赠与他人的品质，则是我们应该大力提倡的。这种品质是可以积极鼓励的，家长们也可以毫不吝啬自己的赞美之词去夸奖他们。但是有一件事要时刻留心，不能让孩子们因为慷慨而受到任何损失，或者在心灵上受到什么伤害；慷慨大方的事情无论做过多少次，都是应该得到丰厚的奖励的；我们就是要让他们深刻地感受到，对别人好，也是对自己好，不会因为自己付出而吃亏，也会让接收到他好意的人与旁观的人友善地对待他。但是如果让孩子们去比较谁更加慷慨，就会破坏这件事的本来目的，他们就会去互相竞争、攀比；而采用这个办法，孩子在经过不断的实践之后，就可以毫不为难地放弃属于自己的东西，让他们养成厚道、宽容的做事习惯。他们也会因自己能够和善待人、慷慨大方、彬彬有礼而感到快乐，为自己感到自豪。

假如慷慨大度是应该予以鼓励、大力提倡的，那么我们更应该注意的是不可让孩子违背公正的原则：无论什么时候、无论做什么事，都应该秉承公正的原则，如果他们违背了这个原则，我们应当及时纠正，如果有必要，还应该进行严厉的训斥。

我们在最开始教育孩子的时候，大多数时候情感的思想超过了理智的态度，所以孩子做事情很容易偏离是非标准，当然这样的结果我们也不会感到很惊讶。每个人心中的是非标准应该是成熟理智、认真反省共同作用的结果。孩子们越是容易弄错和误解这种标准，我们就越应当注意他们这方面的思想然后进行防范；如果是在重大的社会道德方面，任何细小的偏差都是不被允许的，必须加以防范并及时纠正；就算是最轻微、最细枝末节的小事情上也是不能含糊其词的，这样做既是为了教育他们的无知，也是为了防止养成不良习惯。每件事情在开始时一般都是些无关紧要的小事，但是如果放任不管，就会发展为性质严重的欺骗，最后一点一点地就会转变为非常明显的、不知羞耻的、充满谎言的危险行为。孩子第一次出现不公正的表现时，父母和老师就要及时控制住，对他的这种行为一定要表现出惊讶和憎恶，同时让他们克服这种行为习惯。不过孩子在没有进入社会，还不明白什么是财产，不懂得它代表着什么，也不明白人们是如何努力获得属于自己的财产的时候，是不可能真正理解何为不公正的。所以，让他们诚信待人最安全也是最简便的方法就是提前打下诚实的基础——以慷慨无私为基础，不论为别人付出多少，都不会觉得为难。这是可以尽早灌输给他们的思想，也是在他们尚未形成系统的语言能力和理解能力，还未形成明确的财产概念，还未彻底明白有些东西如果尚未明确权属就不属于自己的时候，便应当传授给他们的。既然孩子所拥有的物品几乎都是赠品，而这些赠品几乎都是由父母送给他们的，那么一开始就可以用这一点来教育他们，让他们明白，他们所拥有的东西只能来自有权利支配东西的人，除了这个条件之外，孩子们是不可以自己去获取或者收藏任何东西的。随着他们思维能力的增长，家长们也可以一点点告诉他们关于公正的一些规则和事例，以及"我的权利"与"你的权利"。假如他们不是因为一些非故意的错误而是出于思想意志上的专横而做出了有违公正的行为，并经过善意的责备与提醒之后仍然不能改正这种不正当的贪婪倾向，那家长们就必须要狠下心来，使用必要的方法进行纠正和教育了。可以让父亲或老师从他们的手中粗暴地拿走他们极为看重或者认为属于自己的东西，或者吩咐其他的人去这样做，目的就是让他们明白，他们自己如果使用不公正的手段去占有别人的东西，是不会得到什么好处的，总会有比他们更强大、更霸道的人以同样的方式对待他们。不过，循循善诱总是比暴力更可行，如果能够及早对孩子动之以情、晓之以理，让他们从小就认识到这种行为的可耻，让他们对这种恶行深恶痛绝，就像我设想的那样，那才是真正消除罪恶的有效方法，它比任何从利益角度出发的行为更能防止欺骗。习惯是潜移默化的，他所起的作用比理智更加旷日持久、更加管用，其作用的方式也比理智更加便捷，理智通常在我们最需要它的时候，很少被我们公平地对待过，经常被感情所左右，甚至连服从理智的机会也少之又少。

哭泣是孩子身上一种令人无法容忍的缺点。不仅仅是因为它会使房间里充斥着令人不快的、不合适的声音，还因为，即使从孩子的角度出发，也存在着一些更加重要的理由，而且为了让孩子发展得更好，这也是我们教育的主要目标。

孩子的哭泣有两种类型：一种是倔强的、跋扈的；另一种是充满着抱怨、悲伤的。

首先，孩子的哭泣都是有目的性的，通常是为了对别人进行控制，或者说是他们的蛮横和任性的一种公开宣示；当他们尚不足凭借个人的力量来满足自己的愿望并因此无可奈何时，他们便用哭泣和吵闹来代替他们坚持想要满足愿望的权利。这是他们的一种宣泄，也是他们希望获得某种东西却遭到拒绝之后，从内心产生了一种受压迫和遭遇到不公正的抗议。

其次，并非所有的哭泣都是不怀好意的，有的时候，他们的哭泣也的确是因为痛苦或者感到悲伤抑制不住地流下眼泪。这两种不同含义的哭泣，如果仔细去观察的话，是可以很容易地从他们的神情、动作和哭泣的语调中进行区分的；但是不管是出于什么理由，这两种不同的哭泣都是不应当被容忍的，至于鼓励就更谈不上了。

第一，不屈服的哭泣或者想哭却不哭、委屈的哭泣是绝对不被允许的，因为它只是实现孩子的愿望的另外一种方式，也是我们要努力去克服的情感。如果像平日里毫无章法地去处理这些问题，孩子受了责罚就让他放肆地去哭，那么责罚的意义就不复存在了，与此同时产生的好处也就会被抵消了。责罚所引起的反应如果只是他们这样公然地与家长们抗衡，那么结果只会使他们变得更糟。如果孩子受到的这些约束和一系列的惩罚无法克服和磨炼他们的意志，不能引导他们去努力控制自己的感情，也不能让他们发自内心地去服从自己的父母、遵循理智所给予他们的教育，使他们将来只服从于理智的引导，那么，这些所谓的教育、约束和惩罚就没有了用武之地。而且如果孩子遇到一点挫折就逃避、委屈哭泣，更是让他们有理由坚持自己的愿望，助长他们的坏脾气和不良风气，同时也是明目张胆地对外公布他们所谓的权利和决心，让他们一有机会便会使用各种办法来满足自己的愿望。所以，这一点也恰好可以作为我反对经常对孩子进行棍棒教育的一个理由：一旦事情严重到了要使用暴力的极端情况，仅仅责骂他们是远远不够的，你必须不间断地对他们进行惩罚，直到发现已经攻克了他们的内心，使他们能够顺从并忍耐所受到的责罚，这时，才能不再惩罚他们，而这一点，你完全可以通过他们的哭泣，以及在你下达命令之后他们是否立即停止哭泣这两个反应中看得清清楚楚。不然的话，对孩子进行棍棒教育就仅仅变成一种感情用事的残暴行为，只是让他们的身体遭到痛苦的惩罚，却丝毫无法触及他们的内心，也不能够对他们的精神产生有益的作用，那对孩子来说就只是一种残忍而绝非什么责罚了。与此同时，这些事也给了我们一个理由，那就是教育的作用要优于棍棒。这也说明孩子为什么应该少受责罚、在孩子遭受责罚的时候应该予以阻止。因为，如果我们在责罚孩子的时候不是感情用事，不是在愤怒之下的责打，不是只让孩子痛那么一会儿，而是冷静地用理智来有效地解决，在对孩子进行惩罚的时候兼顾孩子的反应、观察责骂的效果，一旦发现他们表现出顺从、悔悟就立刻停止，那么孩子从此刻起便会小心地回避那些会招来责罚的错误，并且不会再犯，而他们也会少遭受一些类似的惩罚。只要这样做了，责罚便不会因为次数过少而变得徒劳且无关痛痒。同样也不会因为责罚得过多而使孩子变得习惯于此，因为当我们一旦发觉孩子的内心由于受到惩罚而有所觉悟之后，便可以立即停手。对孩子的打骂当然是越少越好，但是人们在盛怒之下还是很少会控制自己的情绪去遵守这个原则，通常都会做出过分的事，但从结果来看，这样做的效果还是不明显。

　　第二，大多数的孩子只要受到一点点小伤害就会委屈哭泣，大部分的孩子都是这样。那是因为孩子在学会说话之前，哭泣是他们唯一能够表达自己的痛苦、委屈或者愿望、需求的方式，尽管哭泣中的孩子的确能勾起我们的同情心，但是这种同情只不过是从另外一个愚蠢的角度去鼓励他们哭，使他们一直持续这个习惯，直到他们学会说话。我不得不承认，孩子受到伤害确实是一件令人同情的事情，而且周围的人也有义务去关心他们，但是却不应通过这种方式来表达对孩子的同情。我们应该尽量去帮助他们、宽慰他们，但是绝不能因此为他们悲叹不已。一味地悲悯只会让他们的内心变得脆弱不堪，让他们无法承受任何的风浪，遇到一点点伤害就支撑不住；从而会让他们沉浸于更大的悲伤之中，这只会让他们把自己的伤口放大，却无法反省或者变得坚强。但是，实际上他们是应该禁受住一切苦难的——尤其是身体上的苦难，除了骨子里的羞耻之心与敏感的荣誉心，孩子的内心不应该带有丝毫柔弱可欺的成分。人生要经历许许多多的考验，我们不能敏感地对待每一件伤害自己的事情。凡是无法令我们内心屈服的东西，就不会让我们念念不忘，也不会对我们造成崩塌性的伤害。唯有内心的强大与坚韧，才是我们对抗各种邪恶和意外情况的绝佳武器；而且这种性格的产生主要来源于生活中的锻炼与习惯，所以我们应当尽早地锻炼孩子的这种意志。如果一个人从小就有机会接受这样的锻炼，那么他真的是很幸福了。精神上的脆弱比肉体上的脆弱更加危险，也更应该及早进行治疗，但哭泣却是让孩子在精神上病入膏肓的原因。因此换一个角度去思考，预防孩子精神脆弱的有效方法就莫过于教育孩子如何不哭泣。孩子如果是因为日常中的磕碰和跌倒受了伤，我们不应该去怜悯他们，而是应该收起我们的同情心，让他们重新来过。这样的做法不仅能够止住他们的哭泣，而且比任何责备或者怜悯更能医治好他们粗心大意的小毛病，也能防止他们再次跌倒。不过，不管他们受到怎样的伤害，都应该让他们停止哭泣，因为这样做可以获得更多的平静，同时也是他们成长道路上的一种锻炼。

对于孩子第一种形式的哭泣，我们要通过严厉的手段予以制止；如果一个简单的眼神或者一个明确的警告无法制止，那么就只能使用暴力手段了：因为这种哭泣是他们发自内心的骄傲、顽抗以及对愿望的执着，而这种错误却是由于意志不坚定导致的，所以就必须要对他们的意志进行修正，也必须通过另一种足以与之抗衡的东西来让他们屈服，让他们听从父母的命令。与之相反的是，第二种形式的哭泣通常源于内心的软弱，其原因也是截然不同的，因此就不能单纯地使用严厉的方法来对待，而应当转而使用一种比较温和的办法。对此，一开始也应该用温柔的语言劝说他们，或者及时转移他们的注意力，或是通过开玩笑的方式来让他们停止哭泣，但是不管使用哪种方式，都要结合具体的情境和孩子的脾气秉性来综合考虑。没有什么规则是一成不变的，更不能生搬硬套；父母或者老师应该酌情处理。我觉得还可以更加笼统地说，对于这种哭泣的行为，应当让它永远遭受白眼，作为父亲，应当利用自己的权威，以最严厉的态度和语言来制止它，随着孩子慢慢长大，他的脾气会变得越来越倔强，这就更应该严厉地管教他们；不过应该掌握好分寸，让他们在适当的时候停止哭泣。

　　孩子的勇敢与胆怯，跟前面我提到的孩子的脾气有着非常密切的关系，所以也应该在这里探讨一下。恐惧是一种情感，如果加以控制并且很好地利用它，就能够发挥出关键作用。由于对自己的爱，我们通常会在内心隐藏着某种程度的恐惧，但有时也会忘记恐惧，而表现得过于鲁莽和无畏，可有时又会因为一点点的灾祸便吓得浑身发抖、缩成一团，这些都是解释不通的。正因为我们保留着内心深处的恐惧，它会时刻对我们发出警告，要我们奋勇努力，让我们时刻预防灾祸的到来。所以，如果真正遇到灾祸的时候不知道害怕，无法对危险做出正确的评估，而是冲动莽撞、横冲直撞，对危险放松警惕，不管它是一种什么样的危险，也不会考虑这么做究竟有怎样的作用或者会产生什么样后果，那不是理性动物应有的勇敢，只能说是一种残暴的兽性。倘若养了一个这种脾气的孩子，唯一的解决办法就是唤醒他们内心的理智，让他们产生一种保护自己的心理，进而服从理智的建议，除非有其他可以左右他们情感的事情发生，导致他们失去了理性、毫无顾忌地鲁莽行事。人类天生就崇尚和平、不愿意灾祸上身，因此我认为没有人是不畏惧灾祸的，没有人会如此不爱惜自己、与自己为敌、和危险做朋友，甚至自愿去经历磨难。恐惧是怎么诞生的？那只是一种不安的情绪——我们遇到不喜欢的事情时产生的。因此，倘若有人一碰到危险的情况，便不经思考地迎头往上冲，那么我们便能够将他当成一种无知的表现，除非这个人是受到了外界其他什么更为强烈的情感刺激。所以，假如是骄傲、虚荣心、愤怒已经让孩子失去了这种恐惧感，或者使他已经不能因为恐惧而听从劝告，那么便应该采取一种适当的方法去摆脱这些无用的情感。首先可以让他消消火气，使他冷静下来并且去思考这样的冒险是否值得。不过这种问题并不会经常出现在孩子身上，所以我也不再继续谈论这个话题，因为孩子精神上的脆弱才是更为致命的缺点，所以更值得家长们予以更多的关注。

坚韧是人类德行的道德保障和精神支柱；一个人假如失去了勇气，那他就很难坚持尽到自己应尽的义务，也很难成为一个有良好品性、真正有用的人。

勇气可以让我们直面自己所担心和惧怕的危险和灾祸，它对于我们这种处处活在艰难之中的人是有很大作用的。所以，家长最好让孩子尽快拥有直面各种困难的勇气，尽早获得这种精神上的武装。我不得不承认的是，天性在其中起了很最重要的作用：但即便是天性中存在着不够强大的缺陷、怯懦、畏惧强权，我们也仍然可以通过后天正确的教育和引导而让孩子变得果敢刚毅。我们已经谈过，应当如何在孩子年幼的时候，既不让他们受到恐吓，也不让他们因为受到一点小小的伤害就自顾自怜。现在我们要更加深入地去思考的是，如果我们发现孩子的性格中存在着胆小的缺陷，应该通过何种方式去锻炼他们，让他们获得勇气。

我觉得，真正的坚韧是，一个人不管遇到怎样的天灾人祸或身处何等危险的境地，都能够面不改色、镇静自若、稳扎稳打，一步步尽到自己应尽的义务。虽然这种境界即便是成年人也无法达到，我们更不应该过分地要求孩子做到，但有些事情仍然可以通过努力来实现：聪明的教导和循序渐进也许能够让他们达到超乎想象的一番新境地。

在孩子成长阶段，由于家长忽视了在这方面对他们进行更进一步的教导，而导致了他们成年以后很少有人能够充分具备这种品性和美德。英国人的天性是英勇无畏的，但如果我将坚韧定义为在敌人的面前拥有视死如归的勇气，那我是绝对不会说出这番话的。我承认，这种敢于拼死的勇气对于坚韧的品德来说也是至关重要的，而且我们绝不能否认，桂冠与荣耀应该永远属于那些为国捐躯的勇士。但这并非事情的全部，我们所面临的危险不仅是来自残酷的战场，同时也来自四面八方；死亡虽然是人人都惧怕的，也是人生中最可怕的灾难，然而身体的痛苦、陌生人的羞辱与生活的贫困也是令人无法面对、心生恐惧、无法摆脱的。也许有些人并不会同时面临所有的苦难，但却仍然对这些无法预料的灾祸感到畏惧。真正的坚韧要时刻准备应对多种多样的危险，无论遇到什么样的灾祸，都能泰然处之，岿然不动。但是我并不是说一点恐惧的念头都不该有。一旦危险降临，恐惧是不可能没有的，否则那只能说是愚蠢；有危险就应该感知危险，要有足够的恐惧之心来刺激我们的大脑，保持清醒的意志，激发我们的注意力、奋斗力和无限的精力；但是不应该恐惧过度，以至于扰乱我们的理智，也不应该让它妨碍我们执行理智的指令。

要拥有沉着和冷静的气质，首先要做的就是按照我在上面所提及的内容，要在孩子年幼的时候尽力地保护他们，不让他们受到任何惊吓，不让他们听到任何使他们恐惧的谈话，不要让他们受到外界骚乱的纷扰。因为这些通常会扭曲他们的精神世界，使他们的精神变得混乱、失常，一旦出现这种情况，恐怕就再也无法恢复，而且在他们整个人生中，只要听到、接触到，甚至是想到任何与恐怖有关的信息就会惊慌失措、四肢无力、内心极度不安，整个人变得神思恍惚，那就很难做出任何镇定或是合理的行动，甚至无法控制自己。我们不清楚，这种情形是不是由于第一次的恐怖经历而使脑海里那挥之不去的印象变成了具有生命活力的习惯性动作，又或者是由于某种我们无法解释的原因，导致体质方面产生了变化，但是事实确实如此。这种心灵脆弱怯懦、由于小时候的胆小经历让自己一生都受到影响的人随处可见，因此我们要尽量预防和控制。其次是要慢慢锻炼孩子的内心世界，使他们渐渐习惯于他们所惧怕的那些东西。不过你在这里要格外注意，不能操之过急，也不可过早地使用这种方法，否则一旦使用不当，不但问题无法解决，反而会加重他的病情。如果是还在襁褓中的婴儿，那就可以很容易地保护好他们的内心世界，不让他们看见不好的东西，而且，在他们还处在学习如何说话并且只是单纯能听懂别人说话的阶段，我们也无法对他们摆事实讲道理，无法让他们知道我们的打算，也无法告诉他们——那些可怕的东西实际上不能伤害他们，靠近那些可怕的东西其实也没有什么太大的危害。所以，在他们学会走路、说话、思考之前，这种方法是非常有用的。不过，有些东西很难避免不被他们发现。假如婴儿有不喜欢的东西，一瞧见这些东西就表现出惊恐害怕的样子，那就必须采取有效的措施来减轻他们的恐惧感，例如适当转移他们的注意力、给这些看似可怕的东西蒙上一层可爱的外衣等，一直到他们熟悉了、不再厌烦了为止。其实我们都能注意到，孩子在刚出生的时候，不管看到了什么样的东西，只要是对眼睛没有伤害，他们都是无所谓的；在他们眼里，也许一个黑人或者一头恐怖的狮子，比他们的保姆或者一只猫更让他们觉得亲切。那么随着时光的流逝，为什么小时候不曾害怕的东西，只是形状和颜色的改变之后就会让他们感到害怕呢？没有其他原因，他们只是在了解这些东西之后，害怕给自己带来伤害。例如，一个孩子如果每天都会更换一个奶妈喂奶，那么我敢说，等他到了6个月大，就不会排斥看到陌生的面孔了。所以，孩子之所以不愿意接近陌生人，排斥陌生人，只是因为他们已经习惯于周遭的一切，习惯于从周围的一两个人那里得到食物和照顾，一旦到了陌生人的怀抱里，他就会感到自己离开舒适圈，失去了那个使他开心、给他温暖、随时满足他需要的环境，所以保姆一走开他就感到害怕。

我们从出生的那一刻，还没经历世事的时候，只会害怕遭遇痛苦或者害怕失去快乐。遭遇痛苦和失去快乐并没有体现在任何我们所能看见东西的形状、颜色或者大小等方面，所以我们对于形状、颜色或者大小之类的东西都是不害怕的，除非这些东西伤害了我们，使我们感受到了痛苦，或者意识到它们将对我们的身体或者心灵造成伤害。小孩子都喜欢火焰的明亮绚丽，总是想让它成为自己的玩物：但是当他们不断地被火焰灼烧、弄得满身伤痕、疼痛不已之后，他们最终会明白火焰的无情，然后他们便不敢再去碰触它，而且还会小心地避开它。由此我们就不难发现恐惧是如何产生的，我们便知道对一个不应该害怕的东西应当如何去改变。一个人如果能够坚强地面对让自己恐惧的事情，在还不严重的情况下能够准确地把握住自己的恐惧心理，那么他就为以后面对更为真实的危险做好了准备。如果你的孩子看到青蛙就会恐惧，甚至尖叫着跑开，那我们就捉来一只青蛙，把它放在距离孩子不远的地方：先让他习惯着去观察它，等看习惯了之后，孩子对青蛙的恐惧基本上就消失了一半，然后再试着让孩子走近它，看着青蛙跳跃；最后等到前期工作都已经铺垫好，再将青蛙抓住，送到他手上，让他轻轻地去触碰它；如此种种的过程，一样样地试过之后，直至他能够毫无畏惧地拨弄它，跟它玩耍，就如同拨弄一只蝴蝶或者麻雀。采用诸如此类的方法，对于任何不必要的恐惧都可以一点一点克服掉。切记谨慎小心，行动时要找准时机，切莫操之过急，一定不要在前一种恐惧还没有完全克服之前就急着让孩子培养新的自信。年轻的战士就应当以这种方式训练，之后自信满满地走向人生的战斗。要注意一点——除了遇到真正的危险，不要把一些微不足道的小事情危险化。所以，只要看到他对不应该害怕的东西感到害怕，你就要在很短的时间内悄无声息地引导他，直到最后他完全克服了恐惧，战胜了困难或者受到了赞赏。这种成功克服恐惧的事情如果经常重复出现就会使他明白，灾祸、困难并不总是像他们想象出来的那么可怕或那么难以解决；避免灾祸的方法也不仅仅是躲避，也不是由于恐惧而产生烦忧、沮丧以及停滞不前，荣誉或责任都激励着我们前进。

　　既然孩子恐惧的主要因素是害怕遭受痛苦，那么针对这一问题，唯一的解决办法就是锻炼孩子的承受能力，使他们习惯痛苦。宠爱孩子的父母通常会觉得，这种办法对于他们的孩子来说是一件非常不自然的事；而在大多数人的眼里，为了使一个人不再惧怕痛苦而去让他数次遭受痛苦，是极为不合理的。人们会说："这种做法会激起孩子内心的仇恨，他们会怨恨那些使他遭受痛苦的人，但却无法让孩子乐于遭受痛苦。这是一个非常奇怪的方法。你不愿意看见孩子因为犯了过错而遭受暴力惩罚，却要求孩子为了以后的良好行为遭受诸多痛苦和折磨。"对于人们提出的各种反对的理由，我并不感到意外。而且他们还会认为我提出的想法自相矛盾、异想天开。但是我必须要强调一点，这是一件非常严谨的事情，因此我知道只有那些思虑周全、对任何事情都要刨根问底的人才会明白我的用意、接受我的主张并且领会它的好处。我不主张孩子因为犯错误而受到过多的责骂，是因为我不愿意让他们认为，施加在肉体上的疼痛是最严酷的惩罚。同理，我主张孩子在没有任何错误的时候不妨尝试着让他们吃些苦头，因为这样才可以使他们禁得住困难、习惯于承受任何的痛苦而不把痛苦当作世间最大的苦难。斯巴达的榜样力量就能够明确证明，教育可以让青年人习惯于承受怎样的痛苦与磨难：任何人如果不再把肉体上的苦痛看作是世间最大的灾难，不把它列在人生中最值得害怕的东西的清单上，就会在德行上取得不小的进步。但是我并不是要愚昧地在当代社会或者政体中提倡斯巴达人的精神和训练方法。我只是想说，可以用缓和的训练，让孩子们习惯于承受一定程度的痛苦而不退缩，可以让他们的精神世界变得强大，让他们的内心变得坚强，并为他们今后的成长道路打下勇敢与果断的基础。

那应当怎么做呢？

首先，不要一见到孩子遭了一点点的罪就心疼他们，或者让他们自我怜悯。这一点我已经在其他地方说过了。

其次，有时候需要故意让他们受点小挫折：不过一定要当心，要在孩子心情不错，并且相信让他受到伤害的人是出于一片好意的时候，才可以使用这种办法。这样去做的时候，一方不可以生气或不开心，另一方也不可存有同情或者后悔的意思，当然这种痛苦绝对不能超出孩子所能承受的最大限度，不能激起孩子的怨怼，不能让孩子误会——被他当成是一种惩罚。我听说过这样一个小孩子，生活中他时常会因为别人的一句责备而哭鼻子，对别人的态度和看法都会异常敏感，但在改变了教育方法之后，拿捏好了尺度，此后就算有人在他后背重重打上几下，他也毫不在意，而是会笑嘻嘻地跑开。只要家长们在日常生活中常常去关心和呵护孩子的成长，让他感受到你真诚的爱，他就会慢慢地接受和习惯你的粗暴对待而不会感到害怕也不会产生怨恨：孩子在玩游戏的时候就是这样相处下来的。你越是觉得你的孩子软弱可欺，你就越应该寻找合适的时机去锻炼他。这种锻炼也并不是毫无章法可循，其窍门在于，一定要注意孩子的情绪，要选在你与他正玩得高兴、赞扬他的时候，以产生影响最小、痛苦程度最低的事情开始，要潜移默化、一步步地向前推进：一旦他发觉，他受到的痛苦因为他有勇气的表现而受到了赞赏，那痛苦自然也就消失不见了；当他能够表示出男子气概并为之自豪，能够勇敢面对较小的痛苦，能够为了勇敢的荣誉而不再逃避、勇往直前的时候，他的成长阅历也可以带给他更大的智慧，他就可以克服恐惧胆小，改掉他性格中的缺陷部分。随着他们年龄的增长，更要让他们尝试着去做些天性所不敢的事情；如果发觉孩子们不敢去做的原因只是缺少勇气，那么我们一定要尽早帮助他们，然后要让他们心生惭愧进而勇敢去做，直到在实践中获得自信，最后把事情做好；如果他能够勇敢地迈出这一步，那就一定要大大地赞扬他，并且也要鼓励其他的人。当他能够通过这样的方式获得果敢的性格，不会再因为害怕危险而不去尝试做自己应该做的事。当他遇到突发状况，也不再因为恐惧而不知所措、心烦意乱或者干脆一走了之的时候，他便具备了一个成年人的理性和勇气。这种理性和勇气是我们应当努力达到、试图利用各种机会、通过借助于实践与日常活动使孩子获得的。

我经常在孩子的身上观察到这样一种现象，他们一旦发现弱小的动物，就会去拼命折磨它们。他们因此而变得十分暴虐，总是粗鲁地对待手里的弱小动物，并以此为乐。我想我们应该预防并且防止这种情况的发生，假如他们已经表现出了这样的暴虐倾向，那么我们就要把正确的习惯教给他们。因为折磨与残忍杀害小动物的错误习惯会慢慢地使他们内心变得残忍，对于人类的态度也会变得不和善，做任何事情心肠都会变得硬起来；而那些虐待与摧残弱小动物并以此为乐的人也一定不会对其他人抱有任何同情心或表现出和善的。就好像屠夫有处置动物的权利，却没有资格参与生与死的审判，就是因为这一点。孩子的教育内容应该从一开始就加上敬畏生命这一课，要让他们对杀害或者折磨任何生物都感到恐惧，要教导他们不要毫无理由地去破坏或者损毁任何东西，除非是为了一些更加高贵的东西。我认识一位母亲，她的善良和蔼、眼光长远都是令我们赞叹不已的，当她的女儿们像一般的小女孩那样，想拥有一条可爱的小狗、一只跳脱的松鼠或者一只会唱歌的鸟儿等诸如此类的东西时，她总是会尽量满足她们的要求，并且要求女儿们得到了这些小动物之后，就一定要爱惜它们、勤勉地照顾它们，使它们不缺衣少食，也不会受到虐待。因为，如果她们并没有履行职责、没有用心地照顾它们，这位睿智的母亲便会把它看作是一种重大的过失并且收回她们手中的小动物，然后责骂她们一番，这样她们很快就学会了勤劳与善良。确实，我认为人们从婴儿的时候起就应该养成善待一切动物的习惯，不要故意损坏或者伤害任何东西。

孩子往往会从破坏行为中感到一种快乐，我指的是他们会无缘无故地损毁东西，特别是他们会从那些东西遭受的痛苦和损坏中获得快感，我认为，这是一种极为恶劣的习惯，往往是在同别人的交往中习得的。许多大人会怂恿小孩子去打人，他们把这种行为当成是一种玩笑，看到他们打伤别人之后更是哈哈大笑；周围的大多数人也给孩子做出了负面的榜样，并且这些都更加坚定了他们这种破坏行为。历史上谈论的国家大事也都是打打杀杀、巧取豪夺；加在征服者头上的荣耀和名誉也一步步地误导着正在成长的孩子们，使他们认为战争和屠杀是值

得崇尚和赞誉的伟大事业，是一切德行中最英勇的。通过这些
事情的种种暗示，残忍的萌芽便在他们身上慢慢滋长，而为人
类所厌恶的东西也被当时的风气所左右，被认为是获得荣誉的
最快方式，让这些东西不再受到厌恶。于是，在风气和舆论的
引导下，它最终竟然成了一种快乐的行为，虽然它本身既不快
乐也不可能成为一种快乐。所以这是我们应该小心预防、加以
注意并且及早医治的；只有这样，才能培养出那种贴近自然的
仁爱之心；不过仍然要采用我此前提到的那两种温和的治疗
方法。在这里，我还要提出一个警示，也许不能适用于所有
人，但是它也有合理存在的依据。孩子所做出的破坏行为或伤
害行为，如果仅仅是简单地因为游戏、由于粗心或者无知所造
成的、不是故意为之并且他们并不知道他们的行为会变成一种
伤害，那么，即使它们有时候会造成某些重大的危害，也不必
完全在意或者只要稍加注意就可以了。我想，这一点就算说多
少次也是有道理的，就是无论孩子犯了什么样的错误，也无论
这个错误会造成什么样后果，我们对待他的过错时也只应该考
虑它的错误源头在哪里、它可能带来的影响、是否会养成习
惯；惩罚应当着眼于事情的本质，而不应该因为游戏或者粗心
所导致的伤害而对孩子进行重罚。需要改正的错误是他心中的
错误；如果犯下的错误可以被时间和成长所治愈，或者这种错
误也不会使他养成任何不良的习惯，那么，无论现在的行为是
如何令人不愉快，都不必太过苛责。

　　要想让年轻人内心萌发出人道主义情感并使之绽放生机，
还有一个途径，那就是让他们的言语以及行为举止养成习惯于

用礼貌和尊重的态度去对待那些出身贫寒的人。人们常常看到的一种社会现象就是：豪族家庭里孩子用粗鄙的语言、蔑视的态度再加上傲慢的行为举止去对待穷苦人，就好像这些人是天生低人一等的种族。不管这种行为是出于罪恶的榜样，还是因为家底的殷实，或是因为天生虚荣所造成的，均应该严格防范或者彻底消除，孩子们应该以一种温和、彬彬有礼、和蔼可亲的态度去对待别人，以此来取代前述的种种霸道恶行。如果他们爱护别人，又可以彬彬有礼待人，那他们的尊严不仅丝毫不会受损，而且还会提升他们高贵的地位以及威望。对孩子来说，更不应该仅凭外表就丧失对人类天性的尊重。他们越是这样行事，就越应该受到教导，使其脾气秉性变得善良敦厚，用更富同情心以及和蔼的态度去对待那些地位不高、财富较少的同胞。如果他们还在襁褓时就依仗家里权势盛气凌人，自以为高人一等，可以随意指使别人，我们还可以自圆其说地认为是教育不当的结果；但是如果教养者还不采取一些措施并重视起来，可能就会使他们内心的自负心理慢慢滋长，以至于形成一种蔑视别人的不良习惯，那最终的结果就是——除了学会压榨与暴虐，他们没有学到一丁点有用的东西。

十、如何对待孩子的好奇心

孩子的好奇心其实可以被视为对知识的追求和渴望，所以对此应该予以支持和鼓励，不光是由于这可以让人获得慰藉，更因为这是一种自然所赋予孩子并帮助他们消灭天生的蒙昧无知的绝佳工具。假如没有一种迫切的求知欲，蒙昧无知就会让孩子变成迟钝无用的动物。我觉得，鼓励孩子的好奇心并让其一直处在活跃的状态，方法有以下几种：

第一，不管孩子发生任何问题，绝不能够进行阻止或者侮辱，也不要让孩子遭受嘲讽，应该根据孩子所在年纪具有的特点和知识储备来回答孩子提出的所有疑问，向孩子说明他所想了解的东西，让孩子尽可能明白。但是，你的说明或者看法不能超越孩子现有的悟性，眼下毫无用处且各式各样的东西不要过多提及，避免将孩子弄迷糊。你要注意的是孩子提问题的目的，而不是去注意孩子在提问题的时候所使用的词语；一旦你把孩子想知道的答案告诉了他，你会在他获得满足以后发现，孩子的思维得到了扩展，而恰当的回复能够进一步引导孩子前进，甚至会超过你的想象。这是由于知识的力量让悟性本身感到高兴，就像阳光会让眼睛感到舒适一样；孩子非常喜爱知识，特别是当孩子明白自己提出的问题已经引起了你的注意，还有当孩子的求知欲获得鼓励和夸奖的时候，就更能够表现出这一点。我认为，之所以有非常多的孩子选择用毫无意思的游戏去消磨令他们感到乏味的时间，是因为他们的好奇心遭到了制止，求知欲受到了冷落。我坚信，假如孩子得到的待遇是比较温和且受尊重的，而且孩子提出的问题可以得到满意的答复，那么孩子将会在学习和增长知识方面获得更多的欢乐。这是由于，与相同的游戏和玩具相比较，那里一直有孩子所喜欢的、稀奇古怪的、充满了变化的东西。

第二，除了谨慎地回复孩子提出的问题，以及把那些他迫切想要弄清楚的事情告诉他之外，还可以选择一些独特的赞许办法。你完全可以当着孩子的面，直接告诉孩子，他所尊重的人夸奖他懂得一些事情了；从我们还是婴儿的时候开始，就有一种自大的心理，所以不如让孩子的虚荣心能够在对他们有益的事情上获得鼓励；应该充分利用孩子所具有的自大心理，让孩子去做一些有益于自身优点发展的事情，并以此立足。要让年纪大一点的孩子明白，你到底想让他学习哪些东西，并且能够独立地求取知识，最佳的鼓励方法莫过于让孩子去教导比他们小的弟弟妹妹。

第三，孩子提出的问题是不能被忽略的，甚至应该予以特别关注，而且要保证孩子从来没有得到过虚妄的、迷惘难解的回复。假如孩子被忽视或者被欺骗，孩子是非常容易发现的，之后孩子会快速地对其进行模仿，并学会无视、佯装以及虚伪等伎俩。在所有的交际中，我们绝对不能够侵犯真理，特别是在和孩子交往时，这是由于假如我们和孩子故弄玄虚，我们不仅愚弄了孩子的期许，阻挡了孩子的认识，而且还摧毁了孩子的善良，让孩子走向了罪恶。孩子犹如一个刚到陌生国家的旅行者，对于当地的状况毫不知情，因此我们应当凭借良心，不要让孩子走错道路。尽管有时孩子提出的问题似乎不太重要，但是我们还是应该仔细地回复，这是由于——虽然这些问题在我们眼中是一些毫无意义的问题（这些问题早已经尽人皆知），但是对于完全不了解的人来说，这些问题依然是非常重要的。对于大人已经熟知的问题，孩子通常是新手；孩子在日常生活中遇到的问题，对他们来说都是不可知的，只有可以遇到愿意忍受无知并且帮助孩子摆脱这种困境的人，才能让他们感受到快乐。如果你我去了日本这个从未去过的国家，毋庸置疑我们也会因为想要了解当地的情况而提出很多问题，可是这些问题在日本人看来却显得你我很无知，但在我们看来这些又是非常重要的问题，且急需解决。如果我们可以寻找到一个彬彬有礼的人，他能够满足我们提出的要求，化解我们的愚昧，我们也肯定会觉得无比欣慰。孩子一旦看到了新鲜的事物，一般都会用一种陌生人的口吻提出在我们看来非常无知的问题——"这是什么？"。孩子的意思通常只是想问那个东西的名字，因此，一般对于这样的问题，最恰当的回复就是把该事物的名字告诉孩子。孩子通常想要了解的第一个问题是：它的用途是什么？对于这个问题，我们的回复一定要精准、直接。我们应该在孩子理解能力可达到的限度之内，把孩子所问事物的用处告诉给他，并且要把使用方式解释明白。对于孩子其他的问题也是这样，要在孩子悟性可达到的范围之内，让孩子对所有的解答都感到满意之后，再从孩子身边走开或让他们离开，这样就能够引导孩子从你的回复中去理解并产生新的问题。如此看来，对成年人来说，这种交谈可能并不像我们想象之中那样枯燥无味或者没有意义。勤学好问的孩子提出的天真无邪的、没有经过人指导的问题，经常能够让一个思想深刻的人动一番心思才能回答得出来。我觉得：与成年人之间的侃侃而谈相比，孩子在不经意间提出的问题经常能够让人学习到一些东西，这是由于成年人所讲的话通常都人云亦云，而且所有的观点都局限于他们所接受的教育。

第四，通过让孩子了解一些稀奇古怪的东西，引导孩子提出问题，并给孩子提供可以自己寻求答案的方法和途径，进而引起孩子的好奇心，有的时候这样的做法不失为是一个明智之举。如果孩子在好奇心驱使下所提出的问题并不是孩子应该了解的问题，那么最好的做法就是坦率地告诉孩子，这件事情目前他们还不适合去了解，不要试图用谎话或者琐碎且不得重点的回复去应付孩子所提出的问题。

一部分人自幼年时就有些冒失和活泼，这并不是由于这些人身体健壮的原因造成的，而且也不能说这些人具有很强的判断能力。如果人们想让孩子成为一个敏锐的、善于言辞之人，我认为是有办法的。然而我觉得：作为非常明智的父母，与其让孩子在幼年时期成为一个擅长交往之人，倒不如让孩子在长大之后成为一个能干且有用的人。纵然是这样，这件事情也是十分值得思考的。我认为让孩子学会一堆废话，然后讨他人喜爱，这件事并没有多大的乐趣，倒不如让他学会推理更有用一些。因此，你应该竭尽全力，在孩子的能力范围内，满足孩子的需求，教会他如何进行判断，鼓励他提出各种问题。只要孩子的理智得到了完善，就可以因此去肯定和表扬孩子。假如孩子脱离了正轨，我们不能去嘲讽孩子所犯的错误，而是应该和蔼可亲地帮助他们纠正错误；假如孩子对自己遇到的事情愿意去思考，那么你就应当尽量小心，不要让任何人阻止孩子这种做法，也不能蛮不讲理或者用歪理邪说来误导孩子。这是我们内心所承认的最大程度、最具重要性的能力，应当获得极大的关注并努力培养，最终实现合理运用的目的，这才能让我们的人生达到最圆满的境界。

十一、如何看待并纠正生性懒散的孩子

人们在观察孩子的时候，会发现实际情形往往与前面所说的孩子喜欢问问题的情况完全相反，有的孩子会把所有事情都搁到一旁，丝毫不去关心，甚至在正经的工作上面，也是一直在混日子。我认为，这种懒散的性格乃是孩子身上最大的一个缺点，假如这种性格是源于本能，那么这将是最难治疗的一种顽疾。但是，在某些情况下，事情很容易出现失误。因此，当我们时不时抱怨孩子在学习和工作方面懒散度日的时候，我们应当认真谨慎地做出判断。身为父母，第一次疑心孩子拥有一种懒散的性格时，一定要对孩子进行认真仔细的观察，看孩子是否在所有的行动上面都显得不以为意、漠不关心，还是仅仅是在一部分事情上显得缓慢与懈怠，但是在其他的事情上却显得朝气蓬勃。这是由于尽管我们发现孩子不用心读书学习，将在房间或者读书学习的绝大多数时间都虚度了，但是仍然不可以马上得出结论：这些都是由于孩子懒散的脾气秉性造成的。那大概就是一种孩子气，认为其他的一些东西要比读书还有意思，并一心一意地去想那些东西。如果孩子是受到大人的强迫去读的书，那么孩子当然会讨厌读书。所以你必须要弄清楚当中的根源。你应当在孩子不读书的时间、地点，在孩子尽情活跃的那段时间内认真观察孩子，看看孩子是否忙碌开朗，是否可以策划一些事情，并为之付诸辛勤与激情，锲而不舍，直到目标达成，还是一味懈怠冷漠地虚度光阴。假如孩子仅仅是在读书时懈怠，那么我认为这大概是容易治疗的。假如是气质方

面的原因，那么将会多花费一些精力，并且需要多给予一些关怀，才可以将它治愈。

假如你看见孩子在工作的空闲时间非常有激情地做游戏或其他喜欢的事情，你就会明白孩子其实是不愿意偷懒的，仅仅是由于读书枯燥无味，所以才不愿意关注及努力。因此，首先要想办法以温和的态度将偷懒所导致的无知与弊端告诉孩子，让孩子明白——如果他这样做，就会将原本可以花费在其他事情上的时间耽误了。但是谈话时的态度必须要平静、温和，而且用不着唠叨个不停，只要能够简单地把这种平和的道理讲清楚就行。假如这样的办法有效果，那就相当于使用了最适合的办法，即理智和温和，且目的也达到了。假如像这种相对和善的方法没有任何效果，那么你不妨尝试使用羞辱他这样的办法，每当孩子走到桌旁时，如果生人没有在座，你可以问问孩子，他那天到底花费了多少时间去做事情，让孩子为他的行为感到羞耻。假如孩子在应当把事情做完时还未将其做完，那么你就将这个状况告诉所有人，让孩子感到尴尬，但是不能掺杂责骂，只要让孩子看到冷漠的脸色就可以了，直到孩子将错误改正为止；孩子的父母、老师以及所有周围的人，都要用相同的态度对待他。假如这个方法也不能达到你所希望的效果，那么你就告诉孩子，让孩子再也不用去麻烦老师教导他了，你也不会再拿钱为他请老师，陪他一起浪费光阴，孩子既然不喜欢读书，而喜欢这样或者那样的游戏，那么从今往后就让孩子全心全意地把时间都花在游戏上面，然后极力地督促孩子去做他喜欢的游戏，让孩子不分白天黑夜，全神贯注地去做，直到孩子不愿意了，想要尝试更换其他事情，直到他愿意继续读书为止。然而当你将游戏当成工作让孩子去做的时候，你必须要亲自或者派专人去监管，要让孩子一刻不停地做，不能让他偷懒。最好是你亲自去监管——为人父母，不管有什么重要的事情缠身，你的孩子都值得你花费几天的时间，帮助他改正这种懒散的性格。

假如孩子的懒惰不是源于孩子日常的习性，而是源于一种特殊的或是习惯性的对于学习的厌恶，那么对此你应该认真谨慎地观察和辨别。但是，就算你的眼睛能一直盯着孩子，看他在自己可以自由支配的时间里到底在做什么，也一定要在孩子不知道的情况下进行，千万不要让孩子知道你或其他人正在偷偷地观察他，如果孩子知道你或其他人正在偷窥他，就一定会影响孩子随心所欲地做自己的事情，孩子的内心充满了某种渴望与喜好，然而由于对你的害怕，孩子不敢去做他真正想做的事情，对于其他所有他当时没兴趣去做的事情，他也完全不会理睬，所以从表面上看孩子似乎很懒散、萎靡不振，实际上，孩子的内心可能正全神贯注地想着自己感兴趣的那件事情，可是由于害怕你看到或者知道，因此不敢肆意妄为。为了把这点弄明白，因此要在暗中进行观察，在孩子毫不怀疑有人在偷窥、在孩子不觉得拘谨的情况下进行。在孩子绝对随心所欲、为所欲为时，你可以请一个你信任的人，去观察孩子是怎样度过那段时间的，观察他是否仍然懒散地虚度光阴，从中你可以轻松地辨别清楚，孩子之所以虚度读书的时光，到底是因为习惯，还是因为对书本知识的厌倦。

　　如果孩子的天性就存有欠缺，并导致他精神颓废，那么他自然就会变得懒散冷漠，终日沉溺于空想，这种毫无出息的性格是很难应付的，在这样的状况下，孩子对于将来的事通常毫不关心，这种性格缺乏行动的两种基本动力——远见和渴望；至于淡漠、扭曲了的性格，就需要通过培养并增加孩子的远见和渴望来纠正和改善。当你了解到这样的状况实际上只是一种个案的时候，你就应当认真谨慎地观察，看看孩子是否不喜欢任何事情，你要清楚孩子最喜欢做什么事；假如你察觉到孩子的内心具有某种特别的倾向，你就应当竭尽全力去推动和增强这种倾向，并通过这种倾向让孩子努力工作，激发孩子勤劳的品质。如果孩子愿意让人称赞自己、愿意玩游戏或者愿意穿漂亮衣服等，或是正好相反，害怕痛苦、害怕遭受耻辱、害怕你因他而生气等，不管孩子最喜爱的是什么事情，只要不是懒散（懒散绝对不能够促使孩子努力），你就可以通过这些事物去激发孩子，让孩子振作起来。像这样淡漠的性格，你大可不必担忧。你需要做的是竭尽全力将孩子对某些事物的渴望唤醒，并不断增强这种欲望，一定要明白，如果孩子缺少了这种欲望，那么他们也将不再为此进行努力。

　　假如通过这种方式仍然无法充分控制与激励孩子，那么你应当经常让孩子做一些体力活，或许这样的方法能够培养孩子认真做事的习惯。本来，让孩子努力读书学习是为了促使他养成锻炼的习惯，让他拥有更加成熟的心智，然而由于这样的方法不便于观察，并且没有人明白孩子到底是否偷懒了，所以你一定要经常给孩子找一些体力活儿来干，让他忙在当中，无暇顾及其他。假如这些体力活儿不好做，让孩子感到羞耻，也没关系，这样可以让孩子更容易对这些体力活儿感到厌烦，自然而然地就想回到书本当中。但是你一定得确定一件事，当你选择用书本来代替孩子要做的体力活儿时，你给他布置的工作以及工作时间必须让孩子满负荷，纵然他想偷懒，也没有任何机会。只有当孩子在你的启发下，关注书本，努力读书之后，你才能够采用其他的方法，也就是当孩子在规定的时间之内完成了学习内容，作为一种奖赏，可以让孩子在另外一些体力劳动中获得休息。随着孩子越来越专注于自身的学业，这样的体力劳动可以相对减少一些。最终，当孩子的懒散以及远离书本的问题完全被解决的时候也就可以彻底地把体力劳动取消了。

十二、如何纠正孩子讨厌书本和贪玩的坏习惯

之前我曾经说过，让孩子感到快乐的东西有两样：一是交换；二是自由。所以，我提倡为孩子安排与他们年龄段相符合的游戏，按照这一结论，家长们把书本或者是其他想让孩子学习的东西当成一项任务，强行施加于他们身上，是很不应该的。而这往往是家长、老师比较容易忽略的事，他们每每想到或是遇到了孩子应该去做的事情，便会迫不及待地让孩子去做，却不会以一种恰当的方式指引孩子去做，等孩子重复得到了几次教训后便会明白，什么是别人要求自己做的，什么事是自己愿意做的。这种做法一旦令孩子对书本产生了反感，就需要从相反的方向寻求治疗的方法。在这个时候再想让孩子把读书当成游戏，就太晚了，所以应该采用相反的方式，也就是看

他最爱玩哪种游戏，便强制他去玩哪种游戏，让他把这个游戏当作他必须要完成的任务，每天都要玩上好几个小时，而不是将这件事作为对他喜欢玩游戏的惩罚。如果我所料不错，用不了几天，这个方法就会让孩子对他最喜欢的游戏产生厌恶之情，他宁可去读书或做其他的事，也不再想去玩这种游戏了。倘若读书或其他事情能够代替孩子玩游戏过程中的一部分，或者能够让他将玩游戏的时间分出来一些留给书本，或做其他对他有好处的事情，那就更应该这样做了。我觉得这样的纠正方式至少要比限制他们玩游戏有效果（限制往往会起到增强欲望的反作用），同时也会比使用其他方法来惩罚孩子效果更好；原因就是，只要你让他过度满足了自己的欲望（除了饮食之外的其他事情，统统能够使用这个方式来处理，不会有例外），让他在你原本不想要发生的事上过分满足之后，他就会对此产生厌烦的情绪，这样你以后永远也不需要担心他会做相同的事情了。

我认为孩子不会喜欢无事可做的状态，这是很显然的。他们应该将好动的本性经常集中用在那些有利于他们的事上；想要达到这个目的，你所要做的就是让孩子把你想要让他们做的事情当成一项娱乐，而非一项任务。我特别想出了一些可以达到上述目的，还不会让孩子感觉你在暗中操控他们的建议。例如，把你不想要让孩子去做的事，找一个命令他非要去做的说辞，让他一直做到够为止，让他从此对那件事情感到厌烦。打一个比方，你强迫特别热衷于玩抽陀螺的孩子，每天都连续玩很久，而你就在一旁监督他，不许他停下来。你不久便会看到，他不喜欢甚至厌烦玩陀螺了，自己主动且心甘情愿地厌恶这个游戏了。每一个你所不希望他玩的娱乐项目，都可以用这种方式，让他当作一项任务来做，没多久，他便会主动放弃这项娱乐，开心地去做你希望他做的事情。另外，如果能够让孩子将这些事看作是他完成了那种被安排去做的游戏的奖励，那他便会更加喜欢做。好比你天天安排他去抽陀螺，直到他非常厌倦的时候，才允许他停下来，如果这个时候你答应他，抽过陀螺后将读书给他作为奖励，你觉得他是不是会认真读书、喜欢读书了呢？孩子只要做符合他的年龄段所该做的事，那么孩子所做的这些事与事之间是没有多大差别的。他们把两件事看得有轻重之分，原因是受到其他人影响而造成的。因此，想要让孩子喜欢做的事情，就把这种事当作奖励去给予他们。使用这个巧妙的技能，家长、老师等这些管教孩子的人就可以选择把跳舞作为跳房子的奖励或是把跳房子作为跳舞的奖励，是想让孩子热爱读书或是想让他们喜爱抽陀螺，是想让孩子热衷于打球或是想让他们深入地钻研地理；孩子就是喜欢不停地忙碌，忙着做他们认为自己应该或者想要去做的那些事情，忙着获得爸爸妈妈还有他们所尊敬、信任的人给他们的奖励——起码他们是这样认为的。我认为，孩子们得到了这样的教育，而且也没有受到其他方面的错误影响，那么必然会高兴、充满热情地去看书、写字甚至是做其他你所希望他们去做的事情，就像其他孩子爱玩游戏一样。年龄大的孩子通过这种方式开展教育，等养成了习惯以后，即便想要阻止他们学习也是不可能的，原因是，在这个时候学习已经成功地吸引了孩子的注意力。

十三、孩子的玩具

我认为孩子应当拥有玩具，而且应该拥有各种样式的玩具，但应该在老师或者他人的监督下来玩，而且每次只能玩一种玩具，当第一种玩具还在孩子手里的时候，不能让其获得另外的玩具。这样能够让孩子及早防范，不要让他们把自己拥有的东西遗失或者破坏了。假如你让孩子自己保管品种和数量都比较多的玩具，孩子就会大声喧哗并且不甚在意，这样的话孩子从小就会变得挥霍浪费。我同意，玩具是件小事，好像无须父母担忧；但是，但凡可以形成孩子心理的事都是不容忽略以及不能大意的事情，但凡可以让孩子养成习惯、顺应风俗的事都值得孩子的父母当心和留意，这些看似很小的事情，造成的结果和影响反而很大。除此之外，还有件和孩子玩具有关的事情，也值得父母注意，那就是，纵然孩子可以拥有一些玩具，然而我觉得，这些玩具最好不要是通过购买获得的。这样的话就能够避免一种常见的现象，那就是孩子由于拥有品种繁多的玩具，形成了喜新厌旧、贪婪无度的心理，这样的心理让孩子不能保持清静，随时随地都想获得更多的玩具或其他东西，尽管内心并不清楚自己想要什么，然而对于自身所拥有的总是觉得不满足。有的人为了给有权势的人献殷勤，就寻找各种各样的礼物，并将其送给他们的孩子，以致孩子因此深受其害。这样的孩子几乎在没学会说话的时候就学会了自大、虚荣以及贪心。我知道有这样一个孩子，这个孩子被自己数量巨大、品种繁多的玩具弄得心浮气躁，每天都要把玩具全都检查一遍；这个孩子对于丰富的收藏已经习以为常了，然而对于自己拥有的玩具，他还是觉得不够多，总是问：还能再增加些什么？我还能够获得哪些新的玩具？一定要清楚，控制欲望才是培养一个知足常乐之人最合适的路径！既然孩子所有的玩具不应该是购买来的，那么你允许孩子拥有的玩具是从什么途径得来的呢？我的回答是，孩子的玩具应该自己做，即使不一定成功，至少也应该努力尝试着去做一下。在这之前，并不是说孩子就不能拥有玩具，一颗光滑圆润的石子、一张折了的纸、一串妈妈经常使用的钥匙，或者是其他任何不会让孩子受到伤害的事物，在孩子眼中，这些事物的有意思程度完全不输给那些从商店购买的价格不菲、造型稀奇的事物，那些玩具很容易出问题，很容易被弄坏。孩子如果不是因为玩惯了这样的玩具，他们肯定不会因为没有那样的玩具就感觉枯燥无味或者乱发脾气。孩子在年幼的时候，玩任何事物都可以；但是等孩子逐渐长大，假如不是因为他人愚昧无知地花钱给孩子购买玩具，那么孩子一定会自己去做玩具。一旦孩子有了自己的构思，想要去亲自制作玩具的时候，孩子应当得到辅导以及帮助。但是假如孩子不去亲手制作，仅仅是一味懒散地坐着，无所事事，一心期望他人把做好的东西给自己，那么此时孩子就不应当获得任何东西。假如你在孩子遭遇困难的时候伸出援手，那和给孩子购买高价玩具相比，前者的做法会更能获得孩子的喜欢。有的玩具，比如鱼钩、陀螺、毽子板这样的玩具，要想制作出来，孩子的技艺是不够的，但是一般要使用力气的时候，自然要由孩子完成。孩子最好利用这样的玩具，不是因为玩具的多样化，而是因为运动。然而这样的玩具应该在适当的情况下供孩子玩耍。比如孩子拥有一只陀螺，那么抽陀螺时所需的木棒和鞭子就要让孩子亲自制作及配置。假如孩子仅仅是把嘴巴张开，坐等好事来到，那么孩子就休想获得这样的玩具。如此就能让孩子习惯性地凭借自身的努力，去获得自己需要的东西，孩子能够学会控制、专注、努力以及勤俭等品性。这样的品性对于孩子以后长大成人是大有裨益的，因此学习不应该只求进度，根基也不应该只求深度。孩子全部的游戏和活动都应该以养成良好的习惯为目标，否则不好的习性就会有机可乘。不管孩子做了什么事情，年幼的时候都会留下一些记忆，这会让孩子养成一种好的或坏的倾向，只要是会产生这样有影响的事情，都不应当被忽视。

十四、孩子的撒谎和对策

撒谎是掩盖错误的一种简便方式，所以这种行为流行于三教九流。要让孩子无法察觉其他人是不是在撒谎，其实是很不容易的，因此，如果不是十分注意、谨慎防备，那么孩子学会撒谎将是一件极其简单的事情。然而撒谎是一种不良的品性，而且是很多恶劣品性滋生的温床。因此在孩子的成长过程中，应该尽量让孩子厌恶这样的行为。假如有机会可以在孩子的面前谈及撒谎这件事，应该一直表示极端的厌恶之情，把撒谎视为一种与绅士的荣誉和品性格格不入的行径，只要是稍微有些信誉之人都无法容忍撒谎，这是最耻辱的标识，一个人会由于撒谎这种行径沦落到最耻辱卑贱的地步，甚至置身于那些极端受鄙视和极端恐怖的流氓之列；不论是品格高尚之人，还是在社会上稍微有些名誉之人，都无法容忍一个撒谎的人。当第一次发现孩子撒谎的时候，你最好把这件事情当作一件不可思议的事情，表现出错愕之感，并且不能将撒谎这个行径视为一般的错误去斥责。假如这还不能够让孩子回归正轨，当他再次犯下相同错误的时候，孩子应该遭受严苛的责问，并受到父母还有所有注意此事之人的鄙视。如果这样的方法依然没有任何效果，那么你就应该依靠鞭策了。这是由于孩子在遭受过以上告诫后，还故意撒谎，那就是顽固不化的体现，这种行为是绝对不可以的，必须惩罚，不可让其轻松脱逃。

　　孩子因为害怕自身的错误被别人发现，无处隐藏，就会找各种托词来掩饰。这样的错误和虚伪不相上下，并且可以导致一个人变得更加虚伪，对于这种行径是不可以纵容不管的。因此，如果有事情问孩子，而孩子起初的回答很明显是一种托词，那么你应当严肃地告诫孩子，让孩子将真相说出来，如果孩子依旧使用谎话敷衍，那么就应该遭受惩罚，但是假如孩子干脆地承认了，那么你应当赞赏孩子的坦率，并原谅孩子所犯的错误，无论什么样的错误，既然原谅了孩子，那么今后就一定不要再因为这件事情斥责孩子，或者重提这件事情。这是由于如果你想让孩子变得诚实，并通过经常性的实践而将其养成习惯，那么你应当小心注意，千万不要让孩子由于诚实而感到任何不便；恰恰相反，由于孩子的坦诚知错，除了永远不让孩子为此遭受惩罚之外，还应当给予孩子一些赞赏以资鼓励。如果你无法证明孩子的托词是否具有虚假成分，那么你应该暂且将其当成真话，并且不能表示出任何的疑惑。你要让孩子觉得，他在你心里拥有一个好名声，一旦自己声誉扫地，那么他在你心目中所有好印象都会消失。所以你要尽量做到，在孩子有可能撒谎的范围内，不要助长孩子说谎的习惯，让他在你的面前觉得自己并不是撒谎的人。孩子有时说话随意，和事实不太一样，不过可以忽略不计的。但是，只要再次发现孩子犯了相似的错误，那么此时就千万不能原谅孩子，因为这种错误是永远禁止孩子犯第二次的。如果孩子是故意为之，而这样的错误原本是可以避免的，所以再次犯错那就绝对是顽固不化的表现。对这样故意犯错的行为，应该严惩不贷。

十五、论教养

良好的教养是身为绅士所必须拥有的美德，而腼腆害羞和轻浮狂妄则是一个人最典型的两种不良教养。如何才能纠正这两种不良教养呢？必须遵循一条规则，就是既不要忽略自己，也不要无视他人。

这条规则前半句的意思是反对骄傲自满，而非反对谦逊。我们不应该将自己想得太过完美，以致过高地估计自己的身价；不能自以为是、认为自己拥有优于他人的长处，认为自己应该在他人面前展现这种优势；我们应该在自己的职责和义务范围内，谦虚地接受他人的评价和赠予。不过有些事情我们责无旁贷，而其他人也希望我们去做，在完成这些事情的时候，在任何人面前，我们都要尊重自己，千万不要茫然无措，要根据每个人的身份、地位，保持应有的尊重和距离。我们经常可以在人群中特别是孩子中间看到这样一种情景：有些人在外人或者身份地位较高的人面前，表现得愚笨腼腆。这些人的思维、言辞还有外表，都显得那么茫然无措，像是失了主心骨一样，最终一无所成，纵然可以做事，也不能够做到处之泰然和优雅自如，不能因此令别人高兴，受到别人的欢迎。解决这个问题的方法只有一个，就是引入并培养与之相反的习性。不过，就像我们不和陌生人以及具有较高身份地位的人多接触，就会在与他们谈话时觉得不习惯一样，纠正这种不良教养的唯一办法就是多交朋友——与形形色色的朋友交往，与有身份、有地位的人交往。

以上讲的是在别人面前我们要注意自己的言行举止，对于这个问题或许说得稍微多了一些。现在说不良教养的另外一种表现，那就是完全忽视了我们不得不与之交往的人的爱好和尊严。为了避免这样的状况发生，一定要做好两件事：第一，培养不愿冒犯别人的性格；第二，要以一种令人欢迎、令人喜悦的方式来展现出这种性格。一个人如果能够做到第一点就可以称为有礼貌，如果能够做到第二点就能称为得体。得体具体指的是：一个人的外表、声音、言词、行为、动作等所有的言行举止都要优雅自如，让我们在与朋友交往的过程中得到好评，让那些和我们进行交往的人可以感觉到舒适和开心。这是表明自己内心有礼貌的一种语言，这种语言和其他的语言相同，主要被各个国家流行的时尚以及习俗掌控，它的规则与践行，应该注意多向那些具有良好教养之人去学习；至于不愿意冒犯别人的性格，与外在的表现进行比较，都是藏匿在外表之中的，这是对所有人的善意与尊敬，让一个人变得谨慎和仔细，在言行举止方面严格遵守各个国家的风俗与规矩，不会对任何人有藐视、不尊重或者粗心大意的表现。根据别人的身份和地位，表达出相应的尊敬和认可。这是通过外在的行为举止所体现出来的一种性情，拥有这种性情的人不会让他人在与其交谈时产生任何不自然的想法。

接下来我会说到四种品行，这四种品行与所有受人称道的社会德行恰好相反。有些不够文明的问题，通常都是从这四种品行中产生的。我之所以要将它们列举出来，目的就是让孩子避免遭受它所产生的不利影响，并让孩子从中省悟一些道理。

（1）第一种就是粗暴的天性，它会让一个人在对待他人的时候缺少热情和诚恳，从而不清楚要如何尊重他人的性格或者身份等。这种品行在粗汉与悍妇身上体现得最为明显，这样的人在与别人交往时，丝毫不会留意什么样的东西能够让对方开心，什么样的东西能够让对方讨厌。时常能够遇到这样的人，他们穿着时尚的服饰，但性格残暴，趾高气扬，恣意妄为，完全无视他人的感受，周围的人深受其摧残之苦。这是所有人都可以看得到的事情，并认为这是一种恐怖的兽性，没有人能够和这样的人和谐共处。因此，在任何一个想让他人认为自己还有一丝教养的人身上，这样的品行不可能存在。这是由于良好教养的综合作用可以让天生的顽固不化变得温顺柔和，让人们的性格变得随和温柔，让人们在与他人交往的过程中变得彬彬有礼，并且善于与交往之人和谐相处。

（2）不屑或缺少应有的尊重，这样的事情经常会出现在有些人的表情、言词以及行为上面。不管你所表示不屑的对象究竟是什么人，但是这样的举止总会让他人感到如坐针毡，这是由于没有谁会愿意让别人无视自己、怠慢自己。

（3）刁难、挑衅、找茬，它们与文明礼貌是完全对立的。不管犯了怎样的错误，或者本就属于捕风捉影的事情，人们都不希望当着别人的面，在众目睽睽之下公开宣扬。每个人在有了污点之后都会觉得耻辱，任何的缺点只要被发现了，就会让人感觉不安，尤其是显著、恶劣的缺点。

嘲讽是将别人的错误公之于众的一种巧妙的方法，然而嘲讽一般都是非常生动的，所运用的言辞也非常精彩，并且还能够让在场的人乐出声来，这就会让大多数的人误会，认为在恰当的界限之内嘲讽他人并不是一种无礼的行为。因此，有些具有较高社会地位之人也会经常用这种谈话的方式，这样的人在谈话时通常会受到人们的欢迎，而且经常引得他人为之大声叫好。但是他们应当仔细考虑一下，别人的快乐源自那个被他们嘲笑的当事人，当事人又如何会悠闲自在呢？除非嘲讽的内容是一件值得让人称道的事情。这是由于在这样的情况下，让人忍不住发笑的比喻和形容会让嘲讽同时具备娱乐和赞赏的功能，被嘲讽的人也可以从中获得益处，并且可以加入其中一起取乐。但是准确地掌控这件事情是非常微妙的，哪怕有一丝一毫的大意就会导致全盘一塌糊涂，合理把握嘲讽的尺度并不是所有人都拥有的才能，因此我觉得，但凡不想激怒别人的人，特别是所有的年轻人，都应该小心谨慎地避免戏弄他人，这是因为，也许一个不起眼的过错或者一个不恰当的用词，都会导致被取笑之人不高兴，并且在他们的内心之中留下一段无法忘却的记忆，觉得自己做了应当遭受嘲讽的事情，以至于招致别人犀利却又不乏智慧的嘲讽。

除了嘲讽，辩驳也是谴责他人的一种方式，教养不良造成的缺陷也会在这样的谈话中展露出来。热情地对待别人、尊重别人，并不是说让我们随时随地都对他人百依百顺，也不是让我们不管听到了什么事情都要言听计从和闭口不言。真理和博爱有时需要我们反驳他人的观点，纠正他人的过失，只要做这些事情时谨慎小心，注意场合，实际上是不违反礼节的。但是有的人你一看就知道他们是在非难和较劲，这样的人不论是非如何，都会反驳某个人，甚至反驳所有人，不论别人说些什么，他们都会全部表示反对。这是一种常见的且非常荒诞的谴责方法，所有听到的人都没有办法避免遭受伤害。所有反驳他人言论的人都非常容易被他人怀疑和谴责，别人接受了这样的反驳，就会让绝大多数人感到羞耻，所以反驳时的态度要极尽柔和，用词要极尽委婉，要用一切的言行举止去表明你不是在谴责他。同时，应当竭尽全力报以尊重与善意，这样的话，我们在反驳之中取得胜利的时候，才不会将对方对我们的尊重失掉。

（4）刁难是与礼仪相反的另一种错误。因为刁难不仅经常导致不合适的、令人生气的言行，而且它还是我们发怒时对他人无礼举止的一种无言的非难与斥责。这样的怀疑与暗示会让所有人都感觉不舒服。不仅这样，在宴席上如果有个喜欢乱发脾气的人，那么会让所有人都没有了胃口，就连和谐的气氛也会在这种噪声的干扰下消失殆尽。人们坚持不懈地追求着幸福，所以我们才会明白为什么有礼貌的人会比有才能的人更能获得他人的钟情。尽管一个重要且有用的人不仅能力很强，而且诚实、善良，但他也很难将严肃和固执的表白所导致的不安给消除掉。人们之所以看重权力跟财富，甚至德行本身，无非是它们可以让我们更加幸福。所以，一个旨在让别人更加幸福的人，假如在为别人效力的时候，鄙言恶语且不顾形象，那么在做事情的风范上面就会引得他人不快。但凡明白怎样可以让交谈的对方舒服自在，而且自身也不至于自降身份成为阿谀奉承之人，那么我们就可以说这样的人已经掌握了为人处世的方法，无论到了哪里都会受到他人的欢迎和重用。因此礼貌实属位居首位的大事，应当尤其谨慎小心地将其培养成为孩子以及青少年的习惯。

除此之外，还有一种与良好教养相悖的错误，那就是过于烦琐的礼节。执拗地坚持把不合时宜且令人感到无知或者耻辱的礼节强加在他人身上，这种状况与其说是不尊重别人，倒不如说是在捉弄别人更准确。不尊重他人至少算是与人争强斗胜，但是这种情形充其量也就算是让他人不胜其烦，所以这绝对不是良好教养应有的体现。良好教养的作用或者宗旨就是让那些和我们交谈的人感觉舒适自如，除此之外没有任何其他的作用。绝大多数的青年都不会犯这样的错误，但是只要他们犯了这样的错误或者有要犯错误的趋势，那么就应当警告他们，千万不要在礼节上面出现任何的差池。在青年人与人交谈时，应当对所有人表达恰当、正常的礼节以及致意，并表现出自己的尊敬与善意。要想达成这个目的，而又不让他人怀疑是阿谀奉承、虚伪或者谦卑过度之举，这是一种优秀的技巧，只有具备了敏锐的直觉、理智以及言行举止端正的人才能领悟，然而这样的技巧在社会生活中具有很大的作用，因此很值得学习。

尽管我们在言行举止方面表现得当就可以被认为是拥有了良好的教养，好像这是教育的特有的成效，然而，就像我所讲的一样，孩子不应当因为这样的事情受到困扰。我的意思是，不要让孩子在诸如脱帽致敬、屈膝礼仪等问题上过于追求时髦的动作。如果你能竭尽全力地把谦虚与良善的品质教给孩子，那么孩子自然就不会缺少这样的风度。事实上，礼节也仅仅是一种小心谨慎，目的是在与人交往的过程中不对任何人显现出一点点的懈怠或者轻视。至于最为认同且最受珍视的表达方式，我们已经在前面讲过了。在其他的国家里，礼节和它们的语言是一样的，各有各的特色，并且都不一样。因此，只要我们能够仔细考虑一下，就能够清楚地了解，把与礼节相关的规矩教给孩子并没有任何作用，而且也很不合适，就如同让一个一直跟英国人讲话的人偶尔去学习几条西班牙文一样。纵使你竭尽所能同你的孩子探讨礼节问题，可是他的朋友是什么样子，他的仪态也不可能相差太多。和你做邻居的一位农夫，可能从来没有跨出过其所生活的区域，不管你对他进行怎样的训斥，他的言行举止也依然是一副谄媚的神态，也就是说，他的言行举止并不会比他平时所交际的朋友显得更加端庄。所以，对于这个问题，在孩子长到可以聘请一位老师来教育他之前，可以说都是没有什么办法的。如果我可以自由自在地表达观点，我确实认为，孩子的言行举止必须要和任何固执、虚伪以及罪恶的事情没有一丝一毫的关系，至于孩子怎样脱帽、怎样弯腿等问题，则是不足挂齿的事情。如果你可以教导孩子热爱、尊重他人，那么，只要当孩子长到有需要的时候，就会依照平时的习性，找到能够让全部人接受的表达方法。至于孩子身体的行为与举止，之前就已经讲过了，等到了恰当的时候，一个舞蹈老师就能够将最适宜的姿势教给孩子。与此同时，当孩子在年幼的时候，人们也不会期待他们太过关注这些礼仪，在年幼的时候，孩子是被允许可以在礼仪上面粗糙一些的，就像成年人知道跟人打招呼是一样的。纵然有些十分讲究的人认为这是一种错误，但是至少我坚信这是一种不用介怀的错误，应该让岁月、老师以及真正的交往过程将其纠正。所以我觉得干预或者谴责孩子的错误是一件非常不值得的事情。但是，只要孩子的言行举止上有了自大或者罪恶的成分，那就应当选取劝诫或者羞辱的办法尽快将其消除。

当孩子尚处于幼年时，尽管不应该为教养方面的规定以及礼节当中的细节产生过分的疑惑，然而的确存在这样的状况，那就是年轻人身上会很容易滋长一种无礼野蛮的行为举止，前提是没有及早对其进行约束。比如说，当别人正在说话时，他上前插嘴，用辩驳的语气将他人的谈话打断。年轻人之所以愿意这样做，之所以不愿意错失任何展现自我才能的机会，大概是因为他养成了反驳的习惯，或者是具备了有才华、有知识的名声，以致将反驳作为学识的唯一准则和证明，我非常清楚，在这种情况下，学者们是非常容易遭受非议的。在他人说话时打断插嘴是一种非常无理的行为，这是由于当我们清楚他人将要讲什么之前就进行讨论，如果不是愚昧无知，那便是清楚地表明我们不想再听他的发言了，而且根据我们的判断，他的发言也会让在座的其他人感觉听不进去，所以在座的人要听我的，因为我的发言是值得在座的人去听的。这样的做法是一种极大的无礼，而且一定会触怒他人。然而这样的无礼几乎体现在了一切插嘴之中。如果根据通常的状况，利用插嘴增添谈资，并以此去纠正别人的过失或者反驳他人说的话，似乎凌驾在他人之上，想要拨乱反正或者揭示他人的判断失误，这是一种更大的傲慢和自大的体现。我的意思并不是说，人们在交谈的时候不可以有不同的意见，也并非说我们不可以反驳他人的谈论，但是上述做法却会让人们在交往时所具有的优势消失殆尽，让人们无法从敏锐的同伴那里取得教益以及纠正。在辩驳的时候，人们都能从相持的观点中获得启发。辩论还可以揭露事物各个方面所具有的不同特质与可能性。如果第一个人讲过以后，剩下的人一定要赞成，并且拾人牙慧、亦步亦趋，那么辩论的益处便不复存在。我不赞同的并不是人们不能对他人的主张提出反驳，而是不赞同人们在表述的时候没有丝毫的风度。我们应当教育年轻人，除非有人询问他们的看法或者是别人已经把话讲完，四周已经变得一片寂静，否则决不能插嘴，讲话时只能用商量的口吻，而不是教育的语气。应当避免轻率的态度和自大的神情，要等到在座所有的人全都不再讲话，时机到了的时候，才能够用学生的身份，谦虚地将问题提出来。这种谦虚恭敬的态度，既不能够把他们的才华藏匿起来，也不能够把他们的理由的力度削弱，反倒是能够让他们备受关注，让他们所讲之话大出风头。当提出一个不恰当的依据或者平凡的观测时，然后加上几句与众不同且对别人的看法表示尊敬的开场白，就能够让他们得到更多的名誉和尊敬。和上述状况相反，就算是最机敏的智慧或者最高深的科学，假如使用骄傲莽撞或者吵吵闹闹的方式提出来，那么也只会让所有的听众感到焦躁，纵然他在辩驳中取得了胜利，也不会把良好的印象留在他人的心中。因此，应当更加谨慎注意，以防这样的状况发生在年轻人身上。如若发生了，那么从一开始的时候就应当加以遏制，要让他们在所有的交谈之中养成相反的习性。而且由于成年人也经常多嘴，喜欢在辩驳的时候插嘴，会出现大吵大闹的情况，纵然是我们这样阶层的人也是如此，因此尤其应当及早防范。我们称印度人为野蛮人，然而印度人在谈话的时候要比我们谦逊有礼得多，他们会相互之间倾听，会等他人把话讲完之后再沉着冷静地回答，既不会喊叫，也不会动容。如果我们在被称为世界文明之都的地方仍然无法做到这一点，那么我们应该将其归罪于教育的失责，因为它未能把我们身上具有的古代蛮性纠正过来。你从未见过这样的场景吧，两个身份尊贵的贵妇人，不经意间坐在同一间屋子中的两边，四目相对，周围还有很多的人，此时她俩争吵起来，越吵越起劲，以致在到达高潮的时候相互都慢慢将椅子向前移动，一会儿时间，她俩竟然紧紧地贴于屋子的中间，为了获得胜利，她俩在屋子中间猛烈地争吵，犹如两只斗鸡，对周边之人视而不见，满不在乎。你不觉得这一幕非常可笑吗？这是一个有身份的人告诉我的，争吵发生时这个人就在现场，在谈论这件事情的时候，这个人也没忘记提及争吵时双方的口无遮拦，争吵的程度时常会促使人们这样去做。既然习俗会让这样的事情屡屡发生，因此在教导的时候更应当谨慎小心。没有任何人不会对他人具有的这样的问题感到厌恶，尽管他们对自己所具有的错误熟视无睹。也有很多人发现自己也有同样的问题，所以下定决心想要将其矫正，然而却无法将这一不良习惯摆脱掉，这应当归结于他们所接受的教育的过错，致使积习难改。

假如我们思考一下之前所讲的有关与人交往的问题，大概能够让我们愿意更好地展望未来，让我们清楚它的影响究竟有多么深远。与人交往在我们心中烙下的痕迹不只是礼节这种形式。很多人宁愿献出生命也要坚持的看法和规矩，其依据大多是他们自己国家的习俗与大多数人的日常生活，而非理性的信仰。我说这些话的目的仅仅是为了让家长们明白，与人交往对于孩子生活的诸多方面都具有非常重要的作用，因为与他们交往的人能够带给孩子更加强大的力量，因此应该予以高度的重视，并让其成为孩子生活的一部分。

·下篇　知识和技能教育·

学识在教育中占据什么样的地位

　　你可能感觉非常惊讶，为什么我要把学识排在最后来讲，如果告诉你，最不重要的就是学识，你一定会觉得更难以理解。这些话从一位死板的读书人嘴里说出来是很不寻常的。一般情况下，大家为孩子尽心竭力的大部分都是关于学识，大家聊起教育的时候，想到的也大多仅仅是学识这一件事情，这样我上面说的这个看法便愈加显得有悖常理了。人们在学习拉丁语和希腊语的时候，没少受罪与耗费时间，还无故生出许多喧嚣与辛劳，每每谈到这里，我都不禁想到，家长们仍然只把课堂上老师的教鞭当作教育的威慑工具，教育的所有事务似乎只是能够驾驭那么一两种外国语言。人们觉得，小孩子在他人生最好的阶段用个七八年甚至十几年时间去努力掌握一种或两种外国语言，是非常有必要的，而我却不这么认为，我觉得孩子不必这样辛苦，他们是能够在游戏中学会和掌握这些学识的。

　　请体谅，因为我实在不忍心去想象，一位优雅谦和的青年为了接受"天才的教育"，居然让人当牲口一样驱赶到牧群中，用鞭子抽打、命令，似乎要让他在被教育的几年里充分经受磨砺劳苦一样，那这么做的结果又会怎么样呢？可能你会说：你不是一次次明确地说不需要孩子看书习字的吗？我们这有个人书读得不好，把霍普金斯与斯坦霍尔的身份都给记混了，认为他们俩都是世界上最了不起的诗人，难道你想让你的孩子变得比那个人还要愚蠢吗？那么我在这里请求你不要那么冲动急躁，因为我同样觉得人是一定要看书、习字和掌握学识的，不过这些并不是最重要的任务。我认为，倘若一个人认为圣者或贤者不比大学生更为难得，那么你肯定觉得这个人是愚蠢的。我并没有否认，对于智力与心理健康的人来说，学识的确有助于品德和智力的提升，这一点我是赞同的，但与此同时，我们也不得不承认，针对那些心理与智力并不健全的人来说，学识让他们显得更为蠢笨，甚至是变成不能学习到知识与文化的人。所以在你研究孩子的教育，为他寻找老师的时候，不应该只是考虑拉丁语以及逻辑两方面，这才是我所想要表达的中心思想。学识诚然是必不可少的，但也仅仅是用它来辅助更为重要的德行，不应该排在首位。你要努力为孩子找到一位懂得怎样尽心尽力帮助他成长为一个绅士的人来当他的老师。这样的老师会尽可能使你的孩子保持纯真，珍惜你孩子的优点并且加以培养，将他的缺点以温和的方式改正，使之形成优良的习惯。问题的关键就在于此，只要这样做，我认为不但可以去追求学识，还可以使用我们能寻求的办法来获得学识，那就可以取得事半功倍的效果了。

知识教育的具体意见

一、怎样引导孩子学习

当孩子长到可以讲话时，就应当让他开始学习阅读。然而我要提及一件极其容易忘记但却与此关系紧密的事情，且要再三嘱咐一下。这件事情就是，你应当竭尽全力注意，绝对不能将读书看成是孩子的工作，也不能让孩子把读书当作一项工作。我之前就讲过，在我们还是婴儿的时候就热爱自由，因为这是我们的本能，因此我们之所以会对一些事情感觉到厌烦，并没有其他的原因，仅仅是由于那些事情都是强加给我们的。我经常会有一种奇特的想法：将学习变成孩子的游戏或者娱乐项目，我认为假如孩子能够把学习看成满是荣誉、声望、喜悦以及具有娱乐趣味的一件事，或者将其作为某件事情的嘉奖。如果孩子从来没有由于忽视了学习就遭受斥责或者处罚，那么孩子将会期望求学受教。有个事情让我觉得这种观点更加令人信服，这件事情就是，在葡萄牙，孩子把读书学习当成一种流行与比赛，以至于无法控制，孩子互相学习，并且心无旁骛，犹如有人不允许他们读书学习一样。在我的记忆里，有一次我借住在朋友家里，朋友的小儿子当时还是个幼童，当时朋友的妻子在家中教孩子读书，但让这个年纪的孩子读书是一件非常不容易的事情，因此我就劝朋友换个办法，不要让孩子觉得读书是自己的一项任务，我们要有目的地进行探讨，并且要让孩子听到。于是我们故意谈论说，做学生是嫡子和长兄才拥有的权利，他们在读书之后就能够成为完美的绅士，获得所有人的喜欢，至于让弟弟接受教育，乃是赐予他们的一种恩德，让他们读书学习本就是他们分外所得，只要他们喜欢，尽管让他们成为一些没有学识的村夫好了。这个办法果然奏效，从那之后，那个孩子主动要求接受教导，他会亲自来到母亲面前读书学习，他要求别人听他念书，不然就不让人家清静。我认为，对待别的孩子也能使用类似的办法。只要我们找到了孩子的脾气秉性，就能够把有些观点注入孩子的脑海中，让孩子自己愿意学习，将学习当作一种游戏或者娱乐。然而，就像我之前讲过的那样，绝对不能把学习当成孩子的责任，也不能让孩子把学习当成一种烦恼，我们完全可以把字母粘在被子以及玩具的上面，在做游戏的时候，教导孩子学习字母。除此之外还有很多适合孩子脾气秉性的办法，能够让孩子将学习当成游戏。

依照这样的状况，完全能够指引孩子学习与字母相关的知识，在孩子学习阅读的时候，也没有必要不苟言笑，要让孩子认为这是一种游戏，别人要在受到皮鞭威胁的情形下才去学习的事物，他们在游戏中就能学会。孩子不能将一切例如工作或者其他严峻的事情加在自己的身上，这样的事情是孩子的精神和身体都不能够承受的，这样的事情会让孩子的健康遭受伤害。我认为，很多人之所以厌恶书本以及学问，就是由于当他们处在仇视以及所有诸如此类的管教的年纪时，被限制在了书本中。这样的状况与暴饮暴食的情况相同，吃撑以后所产生的对食物的厌恶是很难消灭的。

因此我认为，如果在一般的情况下没有可以使用的玩具，同时也无法达到教导的目的，那么我们就要想方设法让孩子认为读书学习是他们所进行的游戏。比如，如果我们仿制一个皇家橡树彩票抽奖时使用的圆球，制作一个 32 面或 24 面或 25 面的象牙球，之后在一部分的面上粘上 A 字母，在一部分的面上粘上 B 字母，剩下的面上分别粘 C 以及 D 字母，你觉得怎么样？我的观点是在开始的时候，你就只粘这 4 个字母，甚至只粘两个字母，等到孩子把这些字母记在心里之后，再根据实际情况逐渐增加，直到所有的字母都粘在球上为止。我希望让其他孩子在他的眼前玩儿这个象牙球，而且在玩儿这个象牙球时可以采用打赌的方法，看看谁可以最先投掷出 A 字母或 B 字母，这和掷骰子是一样的，就像看谁可以最先探出 6 点或 7 点，简直一模一样。这是成年人的游戏，千万不要引诱孩子参加，省得你将它当成一种工作。这是由于我不想让孩子觉得这只是成年人的游戏，我觉得孩子自然会喜欢这样的游戏。为了让孩子有理由相信这是一种游戏，并认为只有获得他人善意的认可才能参加这个游戏，做完游戏之后，就要把球收起来，不要让孩子拿到，避免孩子长期占有这个球，进而让他觉得象牙球枯燥无味。

如果想要保持孩子求知的热情，那么应该让孩子认为这是属于成人的游戏，等到孩子使用这样的方式认识字母以后，你再把字母改为音节，孩子就能够悄无声息地学习读法，不会为此遭受斥责或者纷扰，也不会因书本中存在拼写相关的复杂用法而让孩子看到书本就像看见仇人一样。假如你仔细观察孩子，就可以看到，孩子经常耗费巨大的精力去学习几款游戏，但是如果这些游戏是他人强加给孩子的，那么孩子将会厌恶它们，就像厌恶职责和工作一样。我认识一个身份地位极高之人，他把六个元音字母粘在一个骰子的六个面上，并将剩下的十八个辅音字母分别粘在其他三个骰子上面，把这个当成孩子的一项游戏，看谁可以一次用这四个骰子投掷出最多的字数，掷出最多的字数为获胜者。他的长子在当时还是一个孩子，全神贯注地投入这个游戏当中，在游戏的过程之中自己就把拼音学会了，从没有被迫去学，也没有为此遭受过责骂。

我之前看到过一些小女孩，花费了很长的时间，竭尽全力，要将自己变成投掷石子的专家。我在一旁观看的时候，不由得感慨，真是非常可惜，缺少一种很好的设计，可以让这些小女孩充分利用她们的专注和努力，去做一些对她们更加有益的事情，我认为这绝对是年长之人的过失和忽视所造成的。孩子没有成人那么喜欢偷懒，假如孩子好动的个性没有用在好的事情上面的话，那就应当谴责成年人，假如成人愿意花费哪怕很少的力气，对孩子加以指引教导，那么这些孩子必定愿意追随他们，在一般情况下那些好的事情也能够成为孩子的游戏并让孩子获得喜悦。我猜想，以前肯定有一些非常聪明的葡萄牙人，他们在自己国家的孩子中开创了良好的风气，就像我已经说过的那样，要禁止他们的孩子读书学习是一件绝无可能的事情。在法国的一些地方，从孩子很小的时候起，就开始相互学习唱歌和跳舞。

在孩子刚开始学习的时候，一定不要使用大写字体，当孩子可以顺利地读写小写印刷字体的时候，他自然不会无视大写字体，孩子在最初学习时千万不能有太多的变化，避免让孩子感到纠结迷茫。你也可以将这样的骰子当成和皇家橡树相同的游戏去玩，这也不失为一种变化，在做游戏的时候，你把樱桃或者苹果等事物当成赌注。

还有就是，但凡是喜爱这种方式的人，只要他们喜欢，那么就会很容易发明出很多其他的通过字母来玩的游戏，并以此达到目的。但是，我认为前面所讲的那四个骰子的游戏是极其简便容易且有用的，要找到比这个更好的游戏恐怕不太容易，所以或许也没有这个必要去耗费心神地寻找。

有关学习阅读这个问题，我已经说了很多了，那就是千万不要逼迫孩子学习，也无须为此责骂孩子，你应该尽你所能地指引孩子去阅读，然而不能将此当成孩子的一种工作。在孩子能够阅读以前，宁愿让孩子晚一些学会读书，也不要让孩子对学习产生厌恶的心理。假如你要和孩子争辩，那么应当局限在那些迫切的关系、真理以及好的事情上面，千万不要将 ABC 作为职责强加在孩子身上。应当通过你拥有的技能，让孩子的意志变得柔和，顺从理智。你应当教导孩子喜欢信用以及赞赏，害怕被他人误会或者忽视，特别害怕被你以及他的父母无视，之后剩下的一切就能够轻松简单地发挥作用了。但是，我认为，假如你计划那样去做，你就不能在一些没用的事情上制定太多的规则，对孩子加以约束，也不能由于孩子任何一个不值一提的错误或者是别人认为的大错误就去责骂孩子。对于这个问题，我已经讲得太多了。

二、适合孩子阅读的书籍以及正确的学习方法

当孩子用这样温顺的方式开始读书学习的时候，你应当选一本通俗易懂、有意思并且适合孩子的书，放到他的手中，只要孩子发现了书中的乐趣，那么书本就能够指引孩子前行，并且将其当成孩子辛苦读书的酬劳，但是选择的书本不能让孩子的思想中单纯地充斥着空虚、无聊、华而不实的事物，更不能让孩子在头脑中形成罪恶和无知的根源。我认为《伊索寓言》这本书就是可以达成这一目的的最优读本。《伊索寓言》由一些故事构成，能够让孩子感觉快乐与满足，当然成人也能够从中得到一定有益的反省，如果这些故事能够永远地保存在孩子的记忆中，甚至在孩子长大成人以后，也依旧保留在他们的脑海及其所做的事情之中，那么他也绝对不会对此产生任何懊悔。当这种书籍所涵盖的知识内容增加的时候，例如孩子的《伊索寓言》里面是带有插图的，那么更会让孩子感到欣喜若狂，并能够鼓励孩子读书求知，因为孩子的看法之中如果没有这些鲜活直观的东西，只是听旁人说，是不起什么作用的，而且无法得到满足。这些看法可以从声音中获取，而不只是从事物的本身或者图片上获取。所以我觉得在孩子开始学拼音

时，你就应当竭尽所能地把可以找到的动物图片拿给孩子，并且图片上要印有动物的名字，这样的方式一方面能够让孩子阅读，另一方面又能够给孩子一些可以提出问题以及求知的材料。我觉得《列那狐的故事》是能够达到这一目的的另外一本图书。当孩子明白好学不倦及乐在其中这个道理的时候，假如孩子周边的人常常与他探讨他之前读过的一些故事，并听孩子讲述这些故事，那么对孩子的阅读会是一种鼓励，其余的好处暂且不说。一般情况下所使用的方式与此相比，好像完全可以忽视了，因为初学者通常会耗费很久的时间才会产生好学不倦及乐在其中的感觉，但在没有入门之前，孩子只会觉得书本是一种流行的娱乐或者是无缘无故的烦恼，没有任何用处。

三、如何练习写字绘画

当孩子可以流利地阅读英语时，也就能让孩子去学习写字了。此时，第一件应该教会孩子的事情就是如何正确地握笔。在孩子写字之前，应当先学会怎样握笔，否则的话将会吃到苦头。如果一个人想要把所有的事情做好，就不应该一次揽过多的事情。假如一个动作可以被分解成为两个部分，那么不应该奢求孩子可以同时将两个部分的动作都完美地驾驭，不但孩子是这样，其余所有人皆是如此。我认为意大利人仅用大拇指与食指握笔的方法大概是最佳的方法，然而关于这个问题你能够向任何一个优秀的书法老师或者任何一位写字写得好且快的人请教。在孩子掌握了如何握笔之后，接下来就应当学习如何铺纸，如何放置手臂，还有就是如何保持身体的姿势。以上所有练习全部做完以后，有个可以教孩子学习写字并且非常简单的方法，那就是找到一块木板，并把你最喜爱的字体刻在木板的上面。然而你一定要记得，在木板上面刻的字要大于孩子通常情况下写的字，这是由于无论怎样的人，在被教授学习书法的时候，开始的时候字写得总是比较大的，之后就会自然而然地越写越小，并绝对不可能会越写越大。刻好木板以后，你可以拿几张上等的书写用纸，然后使用红墨水将字印下来，孩子仅仅需要选一支好用的笔，装满墨水，依照样子临摹就行。最初要给孩子演示：所有的字母从哪起笔，应当怎样构成，这种做法能够快速地让孩子上手书写这些字母。当熟悉这个步骤之后，孩子就要在白纸上面进行练习，如此去做孩子将会快速地驾驭他所喜欢的字体。

当孩子的字写得又好又快时，我觉得孩子不应该只是一直练习写字，与此同时还要进一步掌握绘画技巧，用于增强手的功能。有时，绘画是非常有用处的，特别是在旅行的时候。有些事物纵然写满整张纸，也无法将其表述明白，更不用说要让人理解，然而仅仅是简单地画几笔，然后将其组合，就能够完整地表达一个人的看法。不管一个人见过多少建筑，遇过多少车辆，或者看过多少风格的服饰，只要这个人可以发挥一下绘画的技巧，就能十分容易地把这些事物的观点保存并传达给他人。如果选择使用语言进行表达，那么就有可能会失真，纵然表达得十分准确，然而充其量也就是留下雾里看花的影子，事实就是如此。我的观点并非期望孩子可以变成多么高明的画家，而且要想具有较高的水准，需要耗费很多的时间，这并不是每一个年轻人都愿意做的，况且他还需要将时间花费在其他更为重要的事情上。然而，如果只求掌握透视的画法和技巧，并且除了人像之外，还可以将其他可视的东西在纸上呈现出来，并且看得过去，也就行了。我认为这样的技巧很快就能够学会，尤其是拥有绘画天赋的人。但是，如果缺少这方面的天赋，那么除了一定要做的事情之外，就让他平和地过去就可以了，不需要让他因此而受到纷扰。所以在绘画或者其他所有不是必须要做的事情上，规则都是相同的，也就是不要违背雅典娜的意思。

曾经有人告诉我，速记是被当作艺术的，这件事情只有在英格兰才被人知晓，并且觉得这是一件非常值得学习的事情，其具体原因就是：一方面，速记是能够方便人们记住想要记下的事物；另一方面，就是能够藏匿人们不想公之于众的事情。这是由于只要学过文字之人，无论何种文字，都能够轻而易举地对那种文字进行转换，让其适用于自身的私密或某种奇想，假如再紧缩下，就能够方便地适用于自身所从事的工作，并为其提供便利。里奇先生创造的速记方法是我看到过的最好的速记方法。我觉得，只要是通晓文法，并且又愿意在此领域研究，就能够把速记变得更加简单。然而学习这样的速记方式，是不用急于寻找老师的，等到孩子的手可以运笔自如，且写字写得又好又快时，再寻找恰当的时机去学习这种方式就可以了。这是由于孩子基本用不上速记，在他们写的字还没达到出神入化的水平，且成为习惯之前，绝对不要去练习速记。

四、老师应当掌握的合理的教学方法和技巧

在对孩子进行教育的过程中，我觉得有些规矩是一定要遵循的，好比在大部分情况下，假如孩子遇到了难题，就不适合使用提问的方法，要让孩子自己去探索解决困难的途径，原因是不这么做的话会让孩子变得更加茫然。比如问孩子要解释的句子里的主格是什么；又比如当孩子无法快速回答出问题的答案时，由于想让孩子弄清楚一个词语的意思，就要先问孩子是否知道另外一个与之意思相近的词语。这样做就是白白浪费时间，并且会让孩子感觉不安；原因是在孩子聚精会神学习时，应当具有良好的心境，要让所有的事情都变得简单，竭尽全力让孩子感觉快乐。因此不管孩子在何种地方遇到阻力，但他又想继续前行的时候，就不能谴责和埋怨孩子，而是应该马上帮助孩子解决问题。一定要记住，假如老师选用的方法比较严格以及刻薄，这是自大以及狂躁性情的表现。老师希望孩子可以掌握和他相同的知识量，但事实上，他应该明白，他的职责是教给孩子养成良好的习惯，而不是暴躁地反复给孩子灌输规则。对于我们的言行举止而言，规则的作用没有多大，而且对于孩子来讲基本没有任何的用处，因为规则一般对于孩子来说都是左耳朵进右耳朵出。我承认，在需要进行理智分析的科学上，这种方式有时是可以改变的，比如可以特意制造一些困难，进而激励孩子更加努力，让孩子的心理习惯于全心全意进行推理。不过我认为，如果孩子处于幼儿时期或者是处于了解知识的初期，这个方法是不可行的。因为这个时期所有事情本

身便是艰巨的，老师的重大作用以及能力都是竭尽全力地让所有事情变得简单，特别是在孩子的语言以及学习问题上面。这是因为——凭借死记硬背以及习惯才可以掌握的语言，当可以流利自如地进行表达时，所有的文法以及规则都将通通被置之脑后。我不否认，语言的文法很多时候是需要非常谨慎认真地加以钻研的，然而这样的钻研只能让一个陶醉其中、可以批判性地运用某种语言的成年人去做，专业人士之外的人几乎无法胜任这样的工作。我认为大家一定会赞同这种说法，假如一个绅士想要钻研一种语言，那么他就应当选择钻研他自己国家的语言，更便于他对自己常常运用的语言进行绝对准确的了解。做老师的人不应该为自己的学生设置阻碍，而是应该让学生的道路越来越平坦，在学生瞻前顾后的时候，应该马上出来帮助学生继续前行，这都是基于另外一个更加深层次的原因：孩子的心灵是狭小和柔弱的，一般情况下每次仅仅包含一种想法。不管孩子的脑海中萌发了怎样的想法，都会立刻被这个想法所纠缠，特别是同时带有情绪的时候，就更是如此。因此，在孩子学习每一件事物时，老师应当展现自身的能力，为孩子扫除所有的障碍，最好是让孩子的内心腾出一块地方，全神贯注地接纳他们应该接纳的观念，否则这些观念将不可能在孩子的心中留下任何的印象。孩子的天性让其心理摇摆不定，任何稀奇古怪的东西都能够吸引孩子的注意。当这样的东西出现的时候，孩子就会马上进行尝试，但尝试之后他们很快就会对其感到厌烦。因为对于同一件东西，孩子会很快感到厌烦，因此孩子的喜悦大部分都建立在改变以及多样化上。将孩子纷繁百

变的观念固定住，这与孩子所具有的天性是相互违背的，不知
道这种情况应当归结于孩子脑筋的气质，还是由于孩子血气
方刚、不够稳定，导致他们在心理上无法对其进行绝对的掌
控。让孩子把思想长时间用在某一件事上面，这对孩子而言是
一种痛苦，这是人所共知的。孩子的苦差事之一就是长时间集
中自己的注意力。因此，但凡希望孩子专注和努力的人，应当
尽可能提出令人高兴的提议，至少也应当尽量避免带来让人消
沉或者恐惧的意见。假如孩子把书本拿起来时完全没有高兴和
兴趣盎然的感觉，那么孩子的思想自然而然就会远离让他们心
生厌烦的事情，并且会在让他们相对高兴的东西上寻找更大的
喜悦，之后懒散也将无法避免，所以这就成了一件不足为奇的
事情。我很清楚当老师的人经常使用的教育方式，就是努力让
学生集中注意力，假如发现走神的学生，他们就会对其进行责
骂和处罚，从而让孩子把心思放在当时正在进行的事情上。然
而这样的方式必定会产生事与愿违的效果。老师愤怒的言辞以
及打击让孩子的内心充满恐惧，而且这种恐惧会快速地蔓延开
来，进而占据孩子全部的内心，使他的内心再也无法容纳其他
的东西。我坚信，读完上面这段话之后，很多人都会想起父母
或者老师曾经有过的蛮横行径以及专制的责骂，还有就是这些
事情给自己的思想造成的伤害——当时他们的脑袋变得一片空
白，以致当时父母或老师说了什么、自己听到了什么，都完全
茫然无措。对于所处环境的观察能力也会立刻丧失，而且心中
充斥着混乱和惊慌，在那样的情况下，他们再也无法关注任何
东西。确实，父母以及老师应当让接受教育的孩子对自己产生

敬畏之心，从而树立自身的威严，并用此去教导孩子。然而在掌握了孩子的支配权之后，父母以及老师应该极其小心地使用这项权利，不能让自己变成吓唬小鸟用的稻草人，否则在他们的注视下，孩子就一直颤抖个不停。尽管这样严苛的方式很容易控制孩子，但却并未给孩子带来多少好处。孩子的思想如果被某种情绪——特别是恐惧、害怕的情绪所操控和侵犯，就不应该继续学习，因为这样的情绪会对孩子单纯柔弱的精神造成极其剧烈的影响。如果你想让孩子心里接受教育，那么就应当让其保持稳定。因为一颗不稳定的心灵是无法写出好看、工整的文字的，就好像你无法在一张颤抖的纸上写出好看、工整的文字一样。老师具有的出色能力就是让学生的注意力保持集中。只要把学生的注意力集中，老师就能够在学生力所能及的范围内向前推进。假如老师无法让学生的注意力保持集中，那么他全部的忙碌和努力也就失去了意义。为了达成这个目的，老师应当让孩子清楚他所传授的知识的用处，应当让孩子明白，通过他学习的知识，可以把之前无法做的事情做出来。这样的事情会给孩子带来力量，让孩子拥有真正的优势，并超过所有对此茫然不知的人。除此之外，老师在进行管教的时候，看起来一定要平易近人，老师可以通过谦逊的言行举止，让孩子清楚老师是非常爱他的——老师煞费苦心也是为了他好，这可以激起孩子身上的爱心，也是让孩子专心向学，喜欢让老师管教自己的唯一办法。除了顽固不化之外，对待任何一件事情都不应该使用专制以及强横的办法。应该使用和蔼可亲的方法去纠正孩子一切的错误，因为温和鼓励的话语可以更好地做通孩子的思想工作，更行之有效地对孩子的内心发挥作用，甚至能够在一定程度上防止强横粗暴的情况，不会让一个健康、宽容的心灵变得刚愎自用。当然，应该对固执的个性以及成心的玩忽职守进行严格管控，哪怕对其进行鞭笞也要这么做。然而我觉得，学生的刚愎自用通常是由于老师的刚愎自用才形成的。除此之外，假如孩子不是受了没有必要或者使用不得其法的粗暴对待，导致叛逆性格的产生，甚至是讨厌自己的老师，讨厌从老师那里学来的所有东西，那么，绝大部分的孩子都不应该遭受体罚。熟视无睹、粗心健忘、喜新厌旧、精神恍惚，以上都是孩子身上的自然缺点。因此，只要孩子不是成心表现，就应当予以和蔼的提示，假以时日，慢慢地将其克制。假如属于这种缺点的所有错误都会激起愤怒和斥责，那么责骂与处罚必定会发生很多次，以致老师在学生的心里变成了一个让人恐惧的存在。仅仅这一点就足以让学生无法在老师讲课的过程中学到知识，更会让老师的所有教学活动都徒劳无功。老师应该经常对孩子表现出热忱和善良，并以此来调节孩子内心对他产生的那种敬畏之心，这种热忱和善良的情绪能够鼓励孩子完成本职工作，让他心甘情愿地遵从老师的命令。这样的话就能够让孩子获得老师的青睐，能够让孩子在听从老师的话的时候，犹如听从对其关怀备至的朋友的话一样；能够让孩子在和老师相处时感觉舒适自在。只有在获得这样的情绪以后，内心才能接纳新的知识，才能允许一切印象进入自己的内心。假如这些印象不能被孩子的心灵接纳并保持的话，那么，孩子与老师合作以及所做的所有事情都是白费，而且学习的成果也微不足道。

五、普通文化课的设置以及学习方法

之前已经说过，孩子在学习法语或者拉丁语的同时，也可以开始地理、算术、几何、年代学、历史等学科的学习。假如使用法语或者拉丁语来教孩子学习这些知识的话，只要孩子掌握其中的一种语言，就可以在学会语言之余掌握其他学科的知识。

我觉得可以从学习地理开始，这样不仅能够了解地球的地貌，还能够了解一些别的国家的地理位置。但是，这只是在训练孩子的视觉以及记忆力，孩子必定会高高兴兴地去学习，而且会把自己学到的事物牢牢记住。这是毋庸置疑的。此刻，我所居住的房子里就有这样的孩子，孩子的母亲就使用这种方式教授她的孩子学习地理知识，效果非常显著，孩子还不到六岁，就已经能够说出世界四大区域的边界。假如向这个孩子提一些关于地理的问题，他可以马上把每一个国家都在地球仪上面指认出来，还可以把英格兰的每一个郡县都在地图上指出来。这个孩子了解世界上所有大的江河、海角、海峡以及海湾，可以将所有位置的经纬度寻找出来。我认为，这个孩子在地球仪上所掌握到的东西，自然不只这些只利用视觉和记忆力就能掌握的东西。但是这是一个稳固的基础，是为达成目标所做的准备，只要孩子的判断能力达到足够成熟，剩下的所有事情都会变得易如反掌，现在孩子具有非常充足的时间，并且受到求知的喜悦的驱使，在无声无息之中就能够把语言学会。

　　当孩子把地球仪上面所有的位置都记住了以后，就可以去学习算术了。我这里所说的地球仪上所有的位置，指的是使用各种称号以及国别所称呼的陆地和海洋的位置，并不包含有些人造以及设想的边界，因为这些边界都是人们想象的，只作改进地理科学使用。

　　算术是内心已经形成的、习惯于让自己进行抽象推理活动的一门最简单、排在首位的学科。在平时的生活以及各项事务中，算术都有着广泛的应用，如果没有算术，那么几乎一切事情都无法办成。当然，一个人不可能过多了解算术，也不会非常完善，但只要具有计数的能力，就应该马上进行练习，每一天都应该进行这方面的练习，直到完全掌握。当他把加法和减法都学会之后，就可以向前推进，去学习地理知识，等到明白了两极、带、平行圈以及子午线的意思之后，就能够教他学习经纬度，从而让他利用经纬度去学习如何看地图，再通过地图两侧所写的数字去寻找一个国家的地理位置，进而从地球仪上面找到这个国家。上面的知识全都学会以后，就能开始研究天球仪了。他应当把所有的圆圈都重温一遍，特别要重点观察的是黄道或者黄道带，一定要在心里把所有的知识点都了解得非常透彻，之后就能够讲述各个星座的形状和方位，首先可以在天球仪的上面进行演示，之后再转向天空中的实物。在把这些事情全部做完以后，当他对我们所在半球的星座一清二楚以后，就能够把一部分和我们所在的行星世界有关的看法传授给他。为达到这个目的，可以让他了解哥白尼学说的大致内容，并且向他说明行星的位置以及每个行星和其旋转中心（太阳）的距离。这就能够利用最容易、最自然的方法，让他明白行星如何运行以及与之相关的各种学说。天文学家已经确定行星围绕太阳运行，那么老师就应该从这样最简单扼要、最无须质疑的方面来向孩子们传授知识。不过这方面与其他方面的管教是相同的，在教授孩子的时候一定要谨慎仔细，要从最简单的部分开始教授，每次所教授的东西要尽可能少，等到这些知识深深扎根于孩子的脑海之后，再继续开展教学工作，教授这门学科中的新知识。一开始，还要给孩子灌输一个容易接受的观点，当看到孩子能够准确地将其吸收，并将其完全理解之后，接下来要做的事情就是，在达成你所期望的目标的过程中，选第二个容易接受的观点，并将其加到第一个观点的上面，这样温柔地、无声无息地一点点地向前推进，不会错乱，也不用慌张，就能够开启孩子的悟性、拓展孩子的思维，甚至能够远超人们的期望值。除此之外，假如想让一个人把某种知识全部学会，就要让这个人拥有牢靠的记忆，并要激励这个人不断前进，最佳的办法就是让这个人把这种知识传授给别人。

当他根据上面的方法充分掌握了与地球仪、天球仪有关的知识以后，就可以去学习几何了。我觉得，欧几里得的前六本书，基本上满足了学习几何的需求，再多学习一些到底是不是有必要或者有用，我也不敢确定，不过至少有一个问题是明白无误的，就是假如他拥有学习几何的天赋和兴趣，在学习过非常多的知识以后，纵然没有老师的教诲，他也依然能够独立进行钻研和学习。

因此，地球仪以及天球仪是应当不断进行探究的，并且应当勤加探究。我觉得，假如老师可以谨慎地辨别什么事情是孩子可以了解的，什么事情是不应该被孩子了解的，那么学习就可以更早一些开始。这里有一条应用范围极其广泛的规则，就是只要在孩子的感知限度以内，特别是在视觉感知限度之内，不管什么事情，都能将其教授给孩子，权当是对孩子记忆力的训练。例如当孩子处于幼年时期，孩子几乎是在刚刚清楚自己所处的位置后，马上就能够从地球仪的上面学习并清楚赤道与子午线、欧洲与英格兰处于什么地方。假如有什么事情是需要注意的话，那就是千万不要一次性教得过多，在还不能将所教授的知识完全领悟以及还不能让它在记忆里扎根时，千万不要再教新的知识。

年代学与地理的教学活动应该同时展开。我所指的是年代学的概况，以便让孩子对完整的时间进程与历史上无数的显耀时刻能够有一定的认知。如果没有这两门学科，历史作为公民知识的掌控者，也理应被人们进行适度的钻研。但是我依然要强调，假如没有地理和年代学，那么历史在人们的记忆里将会严重失真并将失去任何意义，以致沦落成既没有任何秩序，也没有任何教益的一堆杂乱无章的事实材料。但是有了年代学以及地理这两门学科之后，就可以将人们的行为活动按照时间和国别对号入座，放到恰当的位置上，这样的话，不只可以将那些行为活动记住，而且只有在这样的自然秩序之下，才方便进行观测，进而让人在阅读时成为更好且更加能干的读者。

我之所以说让年代学变成孩子通晓的学科，并不是让孩子去记住年代学里面存在的各种琐碎争议。这样的琐碎争议是漫无边际的，但大多数都无足轻重，尽管很容易就能得出结论，却不值得进行深入研究。所以，应当完全避免触及年代学家的学术性争论。在我见过的所有关于年代学的书籍之中，我认为最有用的一本是由斯持劳奇乌斯所著的《年代学要略》，这本书总共印刷了12次，孩子应该具有的关于年代学的所有知识都可以从这本书中找到。作者把所有最有名或者最有用的时间点全都转化成了儒略历，这样在学习年代学时就变得非常方便、简单、可靠。除了斯持劳奇乌斯所著的《年代学要略》外，还有爱尔法格斯的《年代表》，这也是一本可以应用于所有场合的好书。

　　历史可以让人获得经验，也可以让人获得喜悦。因为历史可以让人获得教益，所以应当让成年人加以钻研；因为历史可以带给人喜悦，所以我认为它非常适合少年去学习，只要少年学了年代学，并了解本地所历经的时期，而且可以让其变成儒略历，那么这个少年就应当去学习一些与拉丁语有关的历史。选取教材时一定要把文体平易当作标准，不管他从哪个地方开始读起，只要依靠年代学，那么他的阅读就不会乱套。除此之外，有意思的题材也能吸引他阅读，在无声无息中可以把该学的语言学会，不会像大多数孩子那样，由于要阅读对他们自身来说力不从心的书籍，就像罗马演说家以及诗人的作品——阅读这些作品的目的仅仅是为了学习罗马的语言，所以他们就会感到非常伤脑筋，甚至变得疲惫不堪。当他阅读并理解了一些文字较为浅显易懂的作家——例如库齐乌斯、昆塔斯、攸特罗彼阿斯以及查土丁等人的作品之后，再去读一些稍微有些难度的作家的作品，也不会有什么太大的问题。如此一来，从文体简洁且易懂的历史学家逐渐拓展到思想最深奥、性格最豁达的拉丁语作家的作品，例如西塞罗、威吉尔以及荷累斯，这些人的作品都可以很轻松地拿下。

假如孩子最初的时候就在自己力所能及的事情上面，大多经过实践、很少凭借规则去学习与德行相关的知识，假如孩子可以具有珍惜荣誉、不屑于满足私欲的习惯，那么我觉得孩子就没有必要再去阅读其他关于道德的书籍了。除此之外，为了寻求生活的指引，掌握德行的原则以及规定，如果他已经掌握了伦理学的体系，那么他也不一定非要像其他学生一样等掌握了拉丁语之后才去阅读西塞罗的《职务论》。

在孩子完全理解了西塞罗的《职务论》以及浦芬多夫的《论人及公民的责任》以后，他就应该继续学习格劳秀斯的《战争与和平法》，或者由浦芬多夫所著的另外一本好书——《论自然及人类律》。这是民法和历史的重点部分，不但需要了解，还需要常常心神专注地去深入研究，永远都不会有所成就。如果一个年轻人品行优良，并可以掌握民法知识，懂得拉丁文，字也写得非常好，那么这位年轻人一定能够崭露头角，也能够凭自身本领找到工作，并在每个地方都得到器重。

假设有人觉得一个英国人没有必要了解自己国家的法律法规，这种观点恐怕就会被认为是一种谬论。特别是要想成为一位绅士，不管到了哪里，都是必须要懂得法律，不论是一名保安官还是政府的部门主管，我认为不管什么地方的人，如果不了解法律，便不会觉得踏实。这里我所指的并不是法律中的奸恶、争辩以及胡搅蛮缠的部分，也不是为了在某件事情中得到回报并避免去做另外一些事情的技巧，而是为了探究真理的是非对错。当他绞尽脑汁想要为国服务的时候，这个人是不该以这种方式去研究法律的。出于这种目的，我觉得一个不是打算毕生从事法律相关工作的人，要想正确地研究英国的法律，可以去浏览英国先前以及古代那些不成文的法律之中关于政府的论述，还有近现代作家的一些作品，从而来了解英国政府。一旦他能够以一种正确的态度来看待法律，那么他便能够去阅读英国史，因为历史中所有的王朝都会把当时制定的法律加上，这样的方法能够展现我们英国各种法律诞生的始末、制订法律的实际依据及其所占有的地位。

　　修辞学以及逻辑被认为是一种艺术，根据常规情况，一般会紧跟在文法后面进行学习，大家可能会觉得奇怪，因为我之前很少提及这些。这是由于，年轻人几乎无法从中获益，我很少看到或者说从来没有看到过有人可以通过学习这些来教会别人进行严密的推理，或者让自己的言行变得文雅、提高自己的说话技能。所以，我的观点是，年轻人只要知道它们最基本的框架和体系就可以了，不用一直停留在那些固定模式的思考以及探究上面。对于这个问题的思索，不在我当前要讲的话题范围里面。暂且回到我们目前的问题上面，假如你期望孩子善于推理，那么你应该让孩子读契林涅斯写的作品；假如你期望孩子出口成章，那么你应该让孩子通晓西塞罗写的作品，进而获得有关雄辩术的精髓；你还可以让孩子阅读那些

用英语写成的表达非常完美的作品，以提升孩子的英语写作
水平。

六、口头以及书面语言能力的培养

假如具有对事物的正确观点以及判定就是进行准确推理的
目的和作用，是为了区分真假和对错，并根据所得到结果进行
实践，那么，谨记千万不要让孩子学习那些辩论的技巧和套
路。因为孩子不但不应该去实践这些东西，而且也不能生出羡
慕别人可以这样做的想法。除非你真的想让自己的孩子成为一
个不具备任何才能、只会信口雌黄的争辩者，只想着在辩论中
坚持自己的意见，将跟别人对立当成一件让自己感到骄傲的事
情，更加糟糕的是，他会怀疑所有事物，觉得争论之中唯一可
以得到的东西就是胜利，而其中绝对不存在真理这种东西。世
界上最不忠厚、最不具备绅士风度以及每一件自认为理性动物
所做的事情，就是不遵从浅显且毋庸置疑的道理，不信服清清
楚楚、明明白白的证据。不管对方的回复多么完美、多么令人
满意，他一定要坚决争辩，只要可以使用似是而非且含有歧义
的词语装饰自身的论点，和他人发生争辩，或者是彰显自身的
独树一帜——不论对错，不论所说的话是否恰当，是否有意
义，哪怕与自己之前的观点完全相悖，他都毫不在乎。世界上
所有不文明的谈话以及不符合辩论目的的事情，都是非常出
格的。关于这个问题，总的来说，由于逻辑争论的方式和目
的，在辩论时正方是绝对不可能认同反方的任何观点的，反方
也绝不可能认同正方的任何观点。双方都绝对不可能完全依照

真理以及知识进行辩论，否则他将被看成是不幸的失败者，遭受自身信念不坚定的羞辱，这就是辩论的重要目的以及荣誉之所在。真理需通过对事物本身进行成熟以及恰当的思索，才能被发现并得到支持，而杜撰的言辞以及强词夺理都不可能获得真理，这是最没用且最让人讨厌的一种谈话方式，对于绅士或者对于热爱世间所有真理的人而言，这样的方法是特别不合适的。

假如无法通过写作或者谈话把自身的观点清晰地表达出来，那么这或许就是最大的欠缺。但是，我觉得还是应该咨询下读者，看看你们是否了解，有很多资产丰厚的人表面看起来具备绅士的风度和品行，然而一到关键时刻，他们竟然连个故事都讲不出来，更别说把一切事物阐述得明确清晰且让人信服。我觉得发生这样的状况不应该怨他们自己，而应该怪他们所受的教育，所以我一定要替我的同胞讲句公道话，我觉得只要他们竭尽全力，那么他们绝对不会被其他人超越。尽管他们学习过修辞学，然而却从来没有学习过怎样应用常见的语言，其中就包含运用语言和写作，流畅自如地表达自己的观点。他们觉得那些精通语言艺术之人的言语以及文章包括各式各样的辞藻修饰，而这也就是语言流利的艺术以及技巧之所在了。这个事情和所有需要亲自动手去做的工作是一样的，仅仅靠着设定好的或简单或复杂的规则都是可以学会的，必须要根据良好的规范，最好是树立一个榜样，然后进行训练和应用，直至养成习惯，能够毫不费力地进行操作才算可以。迄今为止，人们所达成共识的一点是，在孩子具备了讲故事的能力时，应当抓住时机让孩子进行实践，一般情况下应该让孩子讲述他们已经听过的故事。最初，要帮助孩子纠正故事情节联结方式上存在的显著问题。在将其纠正之后，再把次要的问题告诉孩子，如此一个一个进行纠正，一定要把全部的问题，至少是其中最主要的问题都纠正过来。当孩子可以非常流畅地把故事讲出来时，你就让孩子把故事的内容写出来。《伊索寓言》这本书大概是我所了解的唯一一本适合孩子使用的书，这本书能够为孩子提供素材，孩子可以将其作为英语写作的练习素材，孩子不但可以阅读，而且还能进行翻译。只要让孩子学会了文法方面的知识，就可以把一个故事的诸多情节构成一篇连贯的、前后照应的文字，而且过渡的地方不会显得突兀和不协调。假如此时有人期望孩子在这种不需要绞尽脑汁便可出口成章的初始阶段更进一步，那么他可以求助于西塞罗，西塞罗所著的《论创造》的第二十节里面，有一些内容与掌握辩论能力有关的规则，我们可以依照几个主旨以及构想，让孩子们去实践这些规则，并让他们明白，一段圆满的叙事技巧和一种优雅的行文风格到底是如何展现出来的。这些规则里的任意一条规则，都能够举出合适的例子，并向孩子展示别人是如何实施的。古代的经典作品为我们提供了很多这样的示例，这些示例不但体现在翻译上，而且也可以当作孩子平时模仿的例子。

当孩子知道如何把英语书写得前后相互照应、恰到好处以及有条有理，并娴熟地掌握了一种称心如意的叙事文体之后，在他进行书信写作的时候，便没有必要执着于或敏捷或谦虚的表达，只要试着表达自身平和的感受，不要出现前后分离、相互紊乱或者粗糙的问题就足够了。只要这方面完好无损，孩子就可以将福耳杜作为自己的榜样，不断提升自身的思想，用问候的、愉悦的、调侃的或者开玩笑的信件，去宽慰远方的友人，同时还能够将西塞罗的书信当作商务往来或者交往信件的最佳示例。人们日常生活当中，在很多地方都需要写信，没有任何一个人可以避免在这种情况下展现出自己的特点。他们随时都能够遇到一些机会，这令他们不得不动笔，这样做的结果就是，除了经常会因为书信表达是否得体而影响到他的工作之外，还会将他的德行、观点以及才能充分展现出来，从而受到比谈话更为严苛的查验。我们必须要清楚一点，一个人在谈话中所出现的过失只是暂时的，大部分在讲完以后就会荡然无存，因此没有必要遭受过于严苛的议论，也相对容易脱离人们的关注以及责问。

　　如果教育的方式所指向的是正确无误的目标，那么，人们可以想到，写信原本就是件必须要做的事情，无法被忽略，就像使用拉丁语写文章作诗一样，将这种没有任何用处的事情强加在孩子的身上，让孩子在力不从心的事情上面耗费巨大的精力，并因为受到非自然形成的挫折而不愿愉悦地在语言学习方面获取进步。然而这种已经被人们习惯并且沿用至今的做法，又有谁敢违抗和反对呢？让一个博学的乡村老师教学生用英语来流利地表达自身的观点，你觉得这合理吗？学生的脑海之中大概根本从未产生过这样的想法，即使是学生的母亲（纵然学生的母亲根本不清楚逻辑与修辞学到底有什么关系），也要比他教导得好。

准确地书写和讲话，能够让一个人的魅力大大增加，并让别人愿意听他讲话。英国人经常用的语言当然是英语，因此他应该着力培养与注意修饰以及提高的文体也应该为英语。如果一个人所讲或所写的拉丁语好于英语，那么这个人可能会变成人们议论的焦点。然而就他自身而言，与其凭借这种微不足道的能力获得等闲之辈的可有可无的赞扬，倒不如娴熟地掌握自己时刻要使用的本国语言，淋漓尽致地表达自己的观点和看法来得有用。据我了解，这个问题普遍受到忽略，不管什么地方，人们都没有重视过要加强年轻人所具备的本国语言的能力，便于年轻人可以充分体会并驾驭本国语言。在我们身边，假如有人说国语比其他人更为娴熟、地道，那么应当归功于机遇或者他自身的天赋以及其他的事宜，而不应归功于他受的教育或者老师对他的照顾。对于一个从小就学习希腊语和拉丁语的人来讲，尽管他的拉丁语和希腊语水准没有多么高，然而让他注意学生在用英语说或写什么，这样的做法使他的自尊受到侮辱。拉丁语和希腊语是学者学习和使用的语言，只有积累了一定学识的人才能进行研究与教学，而英语则是大字不识一个的村野之人使用的语言。纵使我们某些邻国政府觉得应该提倡民众使用本国的母语，应该奖励改善母语的行为，但这些绝不能只受到民众的关心。这些政府认为，让本国的语言变得更美、更丰富、更动听，是国家事务中一件举足轻重的大事，为此国家设立了学校，给老师支付了薪水，并且激发了国人想要准确使用本国语言中的书面用语的雄心，甚至开展了一系列的竞赛。假如我们回想以前那些时代的情况，就能够了解他们究竟获取了怎样的成绩，他们如何把可能是最不好的一种语言传播到我们这里——当然也包括现在。罗马的伟人一直在练习使用本国的语言，我们也在历史的记载中看到过一些曾给皇帝当过拉丁语老师的演说家的名字，尽管他们本国的语言就是拉丁语。

很明显，希腊人对本国语言的驾驭要比罗马人略胜一筹。在他们眼中，除自己本国语言之外的任何语言，都是蛮人使用的，这个学识渊博并且聪明睿智的民族，好像从来没有对本国语言之外的任何一种语言进行过深入研究，甚至根本就没有重视过，尽管希腊人的学问以及哲学基本上都是舶来品。

在此我并不是不赞同希腊语以及拉丁语，我只是觉得应当对其进行研究，作为一位绅士，至少应当精通拉丁语。然而不管学习哪一种外语，即便是年轻懵懂，也应该懂得批判性地进行研究和学习，而最应该使用娴熟、明白畅达雅的语言，仍然是本国的语言。为了将这个目的达成，应该坚持每天练习。

七、孩子一定要掌握的研究方法

接下来这段话，乍一看似乎只是对学者说的，不过对他们的教学以及研究工作的合理安排都有着非常重要的作用，因此我期望大家不要怪我将这番话写在这里。特别要强调的是，它对于每一位绅士来说也是大有益处的。不管什么时候，假如他们对于任何的学问都不想半途而废，立志要对其进行深入研究，让自己变得坚韧、知足、自立，那么这段话将十分有用。听说次序和持久性是人和人之间产生差异的主要原因，对此我坚信不疑，没有什么比一个正确的方法更能帮助学者扫清道路，助力前行，它可以让学者的研究工作变得简单而深入。老师应当努力让学生了解这个道理，让学生习惯在一切运用思维的场所中遵守秩序，并教会其方法，告诉他方法是什么，每种方法都有什么样的优点，让他熟练掌握很多种方法。不仅要了解从普遍到特别的方法，而且也要了解从特别到相对普遍的方法，应当让学生在这两者上都得到锻炼，让他明白如何根据实际状况选取相应恰当的方法，便于更好地为所要达成的目的效劳。

在研究历史的过程中，位于主导位置的应该是时间的次序；在研究哲学的过程中，位于主导位置的应该为自然的次序；在所有的发展当中，自然的次序是从某个事物当时所处的位置向周围结合的地方推动；在内心方面也是如此，应当从内心已经掌握的学问开始，再进一步研究与其关系最近的学问，如此持续下去，就能够从事物最简洁、最根本以及可以分解的方面出发，实现最终的目的。从这个角度来说，假如可以让学生习惯对已有事物认真加以鉴别，即拥有明晰的看法，不论身处何地，都可以把事物的真正差异找出来，这对他来说是十分有益处的。但是，只要他还未能拥有明晰的看法，或者还没真正明白各自有别的道理，他就应该小心谨慎地避免从术语上进行判断。

八、孩子需要掌握一些文体才能

除了从实践研究和书本中获取知识外，还有一些素质是必

须要具备的，这些素质通常需要进行练习才能具备，而且一定
要有时间保证以及老师的指导。

舞蹈能够让人一辈子获得一种儒雅的举止以及出尘脱俗的
阳刚气，除此之外，还可以让孩子逐渐产生自信。我觉得，只
要孩子达到一定的年龄，拥有足够的体力，就可以开始学习舞
蹈，而不应该抱着"越早越好"的想法。你一定要找一个优秀
的老师，因为他清楚何为优雅的举止，怎样才能让自己的举止
变得优雅，清楚如何让身体所有的动作都伸展自如，而且可以
教会他人如何做。如果是不懂得如何教导他人的人，那还不如
压根就没有的好。天生的愚笨怎么也比装模作样要好，我觉得
一个人脱帽以及弯腿致意的姿态，与其按照一个不合格的舞蹈
老师所教的动作去做，还不如模仿一个诚挚的乡村绅士的样
子，这样的话反而令人感到熨帖。至于舞蹈中的细节以及舞
姿，我觉得无足轻重，甚至没有任何关系，我所强调的只是通
过舞蹈形成优雅的举止。

很多人都会觉得音乐和舞蹈是有关系的。因为一个擅长乐
器的人，必定会获得很多人的喜爱。但是一个年轻人为了学习
一点关于音乐方面的技能，通常会花费很多时间，而且常常和
一些怪里怪气的朋友在一起，因此有很多人觉得，这样的朋友
还是不与之交往更好一些。在那些德才兼备且整天忙于工作的
人里面，我几乎没有听说谁是由于具有音乐才能而获得他人赞
赏或尊敬的。所以我觉得，所有应该具备的素质排名中，音乐
应该居于末端。人生短暂，不可能让我们把所有的事物都学
会，并且我们的内心也无法一直专心于所学的事情。人体生理

的特点决定了需要我们一定要经常放松，只要是擅长应对生活各个方面的人，都需要把生活中大部分时间用在娱乐上。起码不能禁止年轻人进行娱乐的权利，除非你想急急忙忙地让他们快点老去，或者你想把他们送到坟墓里，或者背离自己的意愿，让他们早早享受第二个童年（这里指老年人的生活就像小孩子一样，也需要人照顾）。因此，我觉得，他们应该把时间以及勤奋花在可以帮助他们提升自己的事情上面，他们应该从事一些收益大且成绩令人欣喜的工作上，并选用最简单、最便捷的方法进行学习；可能就像我之前所说的那样，轮流进行身与心的各项练习，将此当作一种娱乐，这是教育之中最基本的窍门。我认为，一个可以认真观察学生气质和性情的稳健之人，一定可以做到这一点。这是由于一个人无论是学习学得疲惫了，还是跳舞跳得疲倦了，都不想倒头就睡，而是希望换一换口味，做一些能够让自己高兴的事。然而一定要谨记，但凡做起来没有丝毫乐趣之事，就不可归入娱乐行列。

前面谈到的所有看法，就是目前我对学习以及学业成就的真实看法。培养教养和理性是所有工作之中最重要的职责，就如有句拉丁成语所讲的一样："智慧所在，理性所在。"你应该教育孩子，让他学会控制自身的脾气，并让他愿意顺从理性的教育。只要做到了这一点，再经过不断的训练使之变成习惯之后，上述职责中最艰难的部分就完成了。我觉得，如果要想让年轻人做到这一点，可以尽量抓住他们喜欢接受赞赏的心理，使之发挥巨大的作用，而其他所有事物所发挥的作用都将黯然失色，因此应该想尽所有办法，将这种喜欢受到赞赏的心理灌输到年轻人的心灵之中。你应该竭尽所能让他们内心感受到赞赏和耻辱，只要把这点做到了，你就相当于在他的心中树立了牢固的原则。当你不在他周围的时候，这原则仍然能够影响到他的言行举止，其产生的效果绝对不是教鞭造成的恐惧效果可以相提并论的，那才是真正适合孩子的。

技能的教育及其他作用

一、技能教育的作用

还有一件事，我想在这里说明一下，不过一旦说出来，有可能会惹祸上身，因为有人也许会认为我得意忘形、信口胡说，忘记了我此前所讨论的关于教育的议题全都是围绕着如何培养一个绅士来展开的，与技能完全不相关。在这里我不得不强调一下，我希望一个绅士一定要有技能傍身，要学习一门手工的技艺，甚至不只是一种，两到三种更好，不过要以其中一种为主。

孩子都是淘气顽皮的，这种性格虽然有时候看起来可爱，但更多的时候需要随时随地地教育指导，让他们所做的事情都会对自身有好处，而这样做也的确有它的优点：

第一个优点：通过不断的实践、不断的练习而获得的技巧本来就是值得学习并且必须掌握的。这种手工技巧不仅融汇于各类语言以及学生在学校所学习的各门功课中，而且贯穿于绘画、切削、园艺、淬火和冶炼等各行各业中，而所有的技艺都是需要学习并掌握的。

第二个优点：练习本身对孩子的健康来说也是必不可少或者说有百利而无一害，这是不容置疑的。对年幼的孩子来说，有些知识是一定要了解学会的，尽管学习某一类知识跟促进身体健康是毫不相干的，但还是应该要求他们在这些事情上多花费些时间，以求得进步。就好像读书写字或一些其他为了净化心灵而进行的学习，这是从年幼时就要开始做的功课，而且需要耗费大量的时间去完成。

至于其他的手工技艺，大都是从劳动中获得的，必须要通过劳动去不断练习；其中大部分的手工劳动不仅能在练习中增进我们身体的灵敏性，还能锻炼我们的技能技巧，而且对我们的身体健康也有好处，特别是需要室外作业的事情更是如此。因此，在这些事情上，健康与进步可以相辅相成、同步进行，那些以读书、学习为主要工作重心的人，应选择一些自己感兴趣且适合自己的技艺作为消遣娱乐。而在选择的时候，也一定要顾及这个人的年龄与性格的特点，不管到了什么时候，都不能勉强行事。因为强硬的命令与冷酷的暴力通常只会引发反感的情绪和反抗的欲望，而不会医治人们憎恶的心情；对于强加于人的事情，不管对象是谁，一旦有了反抗机会，一定会急于脱身、避之不及——如果是这样的话，那他不但无法获得任何益处，更是没有丝毫的娱乐消遣作用。

二、儿童应该学习的技能

在各种各样拥有不同技能的人才中，如果不是因为对绘画有那么一两种不容反驳的反对意见，那我肯定是最喜欢画家的。那究竟是什么样的反对意见呢？

首先，粗鄙的绘画乃是世界上最糟糕的东西之一；而且要想拥有差强人意的绘画技巧，又需要花大量的时间去练习。如果恰巧他具有很强的绘画天赋，那么他就很容易忽视掉其他更多有用的、更有价值的学问；如果他不具备这方面的天赋，还浪费了很多时间、努力与金钱，我觉得是不值得的。此外，我之所以不喜绘画，还有另外一个理由，那就是，绘画是一种安静且相对静止的娱乐消遣，劳心多于劳力。一个绅士通常大部分的工作都是安静地学习，学到疲惫需要放松、恢复精力之时，就应该活动活动身体，让紧张的精神得到放松，以确保身体的健康与精力的充沛。基于上述两个理由，我并不赞成学习绘画这项技能。

其次，为那些居住在乡村的绅士考虑，我建议考虑学习下面两种技艺的其中一项，当然，最完美的就是两种都要学习：一种是园艺，另一种则是木工活儿，如同木匠或切削工匠之类的工作，这些工作相对于一个整日学习或者忙得不可开交的人来说是一项合适又对身体有好处的娱乐方式。因为人的精力不能长期地专注在同一件事情或坚持使用同一种方式上，此外，对于久坐或好学的人来说，适当地运动锻炼，使注意力分散开来，得到消遣，同时又放松了身体，那是再好不过的。而对于一个乡村绅士来说，没有人比他们更方便去学习园艺与木工，也没有人比他们更适合学习这两种技艺了。木工可以在天气欠佳、不适合户外运动以及季节不合适的时候，甚至是完全不可以从事园艺活动的时候，为他提供另一种消遣运动的选择。此外，他学会园艺的技能之后，就可以管理并带领园丁们学会木工，能亲自设计并动手制造出许多既有趣又实用的东西来，虽然这并不是让他们学习园艺的初衷，只当作一种吸引他在学习之余去劳动的手段；而我的目的则是通过健康的、适度的体力锻炼，来让他从紧张疲劳的思想和工作中能够获得片刻的休闲和消遣。

古代的成功人士通常很擅长运用体力劳动作为杠杆来调节对国家大事操劳的紧张疲惫感，他们觉得利用体力劳动来作为处理国家大事之后的娱乐消遣，丝毫不会对自己的尊严造成损害。他们闲暇时的娱乐方式似乎是在田地里打发时间。犹太人中的基甸翁和罗马人中的星星内塔斯都是在打谷或者犁田时被国家召唤去指挥军队、抗战杀敌的；很明显，他们是善于使用连枷和犁耙的，可以说是得心应手，甚至称得上种庄稼的能手，可是这些闲暇的劳作并未阻碍他们统领军队，也没让他们的军事与领导才能蒙尘。他们不但是伟大的将才与优秀的政治家，也是高尚的农民。老加图在罗马共和政府担任过各种类型的高级职务，名声显赫，但是他也曾亲手留下了证据，告诉我们，他对于乡村的事务也是了然于胸的；我还记得，赛拉斯也同样认为园艺劳动并不会对自己作为皇帝的尊严造成损害，所以他曾经将自己亲自栽种的一片果林指给塞诺封看。如果一定要列举几个倡导健康娱乐的事例，那么在古代的史料记载中，这一类的例子在犹太人与其他国家的历史上还真是数不胜数。

三、怎样看待娱乐消遣

当我将上述提到的所有选项或其他相似的技艺练习称为消遣或者放松时，请不要认为我犯了错误；因为娱乐与懒惰是两种不同的概念，娱乐只是暂时地放下手中的工作，让疲惫的身体得到舒缓；凡是觉得消遣并不是辛勤劳作的人，他可能是忘记了猎人的早出晚归、马背的颠簸、大汗淋漓和饥寒交迫的种种艰难，只是错误地把打猎当作历史上伟大人物所惯用的娱乐方式。人们只要是喜欢，挖土、栽种、接木，以及诸如此类对身体有好处的工作，也可以成为一种胜过许多无聊游戏的娱乐消遣方式；任何人在某一个领域内，一旦培养了习惯，熟悉了各种窍门，便会迅速爱上它。我相信很多人是因为受到朋友的邀请，不好意思拒绝，才总是去打牌或者玩其他的游戏，与生活中任何其他有用的事情相比，他们都会对那种娱乐方式感到更为厌烦，虽然他们的本性并不是厌恶那种游戏，有时他们只是想当作消遣来玩一玩。

游戏，原本是地位较高的人，特别是有钱人家的小姐太太们愿意花费大量时间去做的事情。我认为这是一个再明显不过的例子，它充分说明了人类并非饱食终日、尸位素餐；他们总是要找些事情来打发时间，不然的话他们又怎么能够连续坐上好几个小时，毫无怨言不辞辛苦地去做那些烦恼多于快乐的事情呢？其中的道理浅显易懂——嗜赌成性的人总是在事后后悔和省悟，懂得这样一个道理——赌博并不会给自己留下任何快感，也不会让身心得到更好的发展，至于说到这些人的财产，如果过于重视这一点，也许赌博就真的成了他们谋生的手段，而非放松消遣的方式了，有几个人所获得的财富是靠着赌博赢来的呢？即使一个赌徒真的靠着赌博发家，也不过是做了一桩可怜又可笑的买卖而已。他用牺牲自己名誉的代价，换得了一时的富贵。凡是无所事事、不能全身心投入工作岗位上、终日不务正业且丝毫不会感到疲惫的人，是不会获得真正的放松和快乐的。在这里，我们需要了解的技巧就是，在安排娱乐消遣活动的时候，应该让人们身上紧张的肌肉松弛下来，让操劳过度、疲乏的身体得到放松，并找回工作前的活力，让自己充满能量。与此同时，还应该做这样一些事情——不但能够获得眼前的欢快时光，让自己又舒适又安闲，还可在未来借此获益。只是由于那种眼高于顶的自负心理和炫耀财富的虚荣心作怪，才导致毫无益处甚至是危险的"娱乐"成了人们眼中的时尚，并让人们错误地认为学习或是参加任何有益的事情都不应该成为消遣的方式的。这就是社会上流行打牌、聚赌、酗酒的主要原因；很多人将大量的休息时间都浪费在这些事情上，只是由于顺应了老一辈的习俗，缺少正确的娱乐消遣观念，但他们并不是真的以为其中藏了什么令人快乐的东西。他们没有办法承受闲暇时间带给自己的沉重负担，无法化解无事可做的无聊心情；同时他们也没有曾学习过任何值得人们称道的手艺，这样就使自己无法获得放松和消遣，于是只能无奈地求助于各种愚蠢的或者无益的方式，只是为了消磨时间。而一个有智慧的人，在他还没有被老一辈的习俗洗脑之前，这些方式是无法带给他们丝毫快乐的。

四、儿童能够学些什么手艺

我说这话并不是说我不赞成让一个年轻的绅士获得跟同龄人以及身处同一境遇的青年人相同的权利——去玩那些时下流行且没有坏处的游戏或消遣取乐。我是非常不愿意看见他们被忧愁所笼罩、整天愁云惨淡的，我宁可让他也热衷于参加朋友们的各种狂欢和消遣，凡是朋友们愿意让他去做的事情，只要符合他的身份且诚信善良，他都不应该太过反感或者生气。虽然打牌、掷骰都属于赌博，而且我觉得摆脱其危害最有效也是最理智的方法就是根本不让他们去接触此类游戏，进而让那些危险游戏的诱惑性降到最低，这也可以让他的有用时间不会被浪费。但是，在闲暇的时间聊聊天、开开玩笑，还有其他时下流行且健康有益的娱乐方式，都是应该允许他们去参与的；我常说，现代年轻人在忙碌之余、在正经工作之余，是有充足的时间去学习一些手艺的。很多人之所以还没有一技之长，主要原因还是缺少一种执着的态度和努力的行动，而不是因为没有空余时间；一个人只要每天抽出一小时并将其用在这项消遣上，坚持天天如此，那么短时间内就能够获得较大的进步，甚至远远超出他的预想。这种办法就算是没有别的什么好处，只要可以将万恶无用且非常危险的消遣剔除于时尚以外，让人们了解它们并非生活的必需品，就足以使我们愿意大力提倡。如果人们从年轻的时候就能摒弃掉那种闲散懒惰的习惯，不会因为习俗的牵绊，将其生命的大部分时间都浪费在既没有丝毫用处又毫无娱乐性的事情上面，那么，他们就有大把的时间从成百上千种的技能中掌握技巧，展露出自己的才能。即使这些技艺与他们的职业风马牛不相及，也绝对不会成为他们事业的绊脚石。由于这个关键的理由以及前面叙述的种种原因，我认为闲散懒惰、饱食终日，依靠做梦来虚度光阴的性格乃是最不可取且不可放任自流的，也是最不应该出现在年轻人身上的。这是某些疾病的前期症状，它说明一个人的健康系统被打乱了，无论这种情况出现在哪个年龄段的人身上，无论这种情况出现在什么身份的人身上，一旦发现这种病症，我们都不可以置之不理。

除了前面所提到的多种技能以外，还可以选择的技能包括薰香、油漆、雕刻以及制作铁器、铜器、银器有关的工作；如果他能够跟大多数年轻绅士一样，大部分时间都是在规模较大的城镇里度过，那么他们还可以在此基础上增加刻字、抛光、镶嵌宝石或打磨光学玻璃等各种技能的学习。在如此种类齐全的精巧技艺之中，一定可以找到至少一种自己喜爱的技能，除非他特别懒散，毫不用心，但这是正确教育方式下绝对不可能发生的事情。既然他不可能做到一天从早到晚不间断地学习、读书与谈话，那么除了运动所必需的时间之外，他一定还会有很多空闲时间，如果不这样度过，他也会通过一些有害无益的方法去消磨掉这些时间。因此我可以下一个定论，一个健康的年轻人不可能完全坐着不运动，不可能什么都不想做；如果他真的萌生了这种念头，那也是一种必须及时纠正的错误。

五、关于儿童旅行的意见

教育的终点一般都是旅行。人们通常认为，旅行过后便功德圆满，一个绅士也将就此诞生。我承认，国外旅行对于打开儿童的眼界、增加知识面颇为有益，然而从选择年轻人出国旅行的时间这方面看来，这种好处并没有发挥出很重要的作用。旅行的好处我们主要可以归纳为两点：首先是语言，其次是通过旅行可以更仔细地观察和了解到脾气秉性、风俗习惯以及生活方式上跟我们完全不同的人们是什么样的，尤其是与那些跟自己完全不在一个地区的人们进行交往，向他们学习如何增进智慧及提升持重能力。但是人们一般安排孩子旅行大约都是在他们 16 到 21 岁之间，而那个阶段正是青年们人生中最不容易获得进步的时候，我认为学习外国的语言，包括学习他国语言的正确发音，第一个重要时机应该是从 7 岁到 14 岁或 16 岁这个阶段，在此期间孩子们有老师的陪伴，这是非常有好处的，老师还可以在日常生活中创造出国外的语言环境，然后使用外语向他们教授相关知识。但是当他们意识逐渐成熟，自以为已经完全长大了的阶段，是非常排斥家人和老师的管束的，然而他们的心智与社会经验又不足以让他们管束好自己，这时让他们突然接受一个陌生人的领导，并且远离父母的视线，这岂不是在他们最需要保护和教育的时候——也是自卫能力最为薄弱的时候，被我们推向了人生旅途中可能遭遇的最大危险面前吗？在那个令人惴惴不安的阶段到来之前，我们可以盼望着老师享有某种绝对的权威；在他们在十五六岁之前，还没到那个执拗顽抗的年龄，与此同时，别人的引诱或者榜样也不会让他们脱离老师的指导；可是一过了这个年龄以后，影响他的因素便会随之增加，他可以在与成人的交往及相处中获得安慰，并觉得自己已变成一个成熟的大人了；而对于许多可恶的事情，他也开始接触、喜欢和自夸了，并且在内心觉得如果再受家人们和老师的管束就是一件屈辱的事情，那时候的监管者也缺少了强迫学生服从的力量，而学生也同样没有听命于他的意思，与此相反，他受年轻的冲动力与时髦风尚的引导，听从那些与自己头脑一样简单的同伴的勾引，而非老师的劝诫，在他们眼里，老师已然成为阻挡他们释放天性自由的仇敌，在这种情形之下，即便他的监管者极其谨慎、处世圆滑，可又有什么作用呢？一个人还有什么时候会像这个既粗暴又难以驾驭的阶段一样，更容易误入歧途呢？这个阶段是他一生中最应该由父母及朋友进行监管和约束的。人生在此之前，可塑性极强，尚未变得顽强执拗，所以也是很容易被管束的；而一旦过了这个阶段，理智与眼界开始迅速发展，会让人留心自身的安全防范与其他方面的长进了。因此我提出的建议是，一个年轻绅士出国旅行的最佳时间是在年纪较轻，并可以接受老师管束的时候；或是年岁稍长，已经远离老师的时候；到那时他已经是可以约束好自己的成年人，在外国看见了值得留意的事物，会留心观察，待他归国后，国外的所见所闻，对他也是大有裨益的；此外，在同一个时期，他完全了解并熟悉本国的法律、风俗以及本国固有道德的利弊优劣，这样就让他有了和国外人士交流的素材，而从与他们的交谈中也可以获得他所希望获得的知识。

许多的年轻绅士在从国外旅行回来之后并没有得到什么好处，也没有获得很大的进步，我认为主要原因就是没有按照上述的办法加以安排。如果说他们真的带回了一些路上遇见的风土人情和一些国外的知识，也不过只是他们在国外所见到的最糟糕、最没有价值的事物的愚蠢赞美而已；保留在他们内心记忆中的只不过是在其自由的翅膀首次扇动之后所喜欢去寻觅的事物，而不是返程后可以让自己变得更聪明、更好的东西。本来选择在这个年龄出国旅行，就是必须依靠别人的照顾，由他人代替他们自己准备好一切所需物品，代替他们去用心观察，所以除了得到这种结果外，根本不会有什么别的指望。他们有了教师这个护盾，把这个当作自己无为的借口，认为自己根本不必承担任何责任，对自己的任何行为也不会进行自我检讨，也很少会亲自动手去探究或者观察一些有益的事情。他们的思想和行动所追求的不过是简单的游戏与快乐，认为这是不被约束的表现；他们极少会麻烦自己，去对生活中所遇到的人们的想法进行考察、对他们说的话进行观察，然后再从手段、气质、性向等角度进行深入思考，从而让自己知道应该如何应对他们。此外，陪同他们旅行的人应该给予他们最大程度的保护，一旦他们陷入危难，要及时帮助他们摆脱困境，对于他们的所有不良行为，也应该采取措施。

我承认，识人是一种重要的技巧，不能过早地期望一个年轻人能够迅速准确地掌握这种技巧。然而，如果国外旅行不能使他拓宽眼界，不能使他保护自己的安全，不能使他习惯于探究外表之下的邪恶，不能使他在亲切自然的言谈举止中潇洒自如地与林林总总的陌生人交往，同时又不会失去别人的好评，那么，这种出国旅行的意义就不大了。一个人如果到了成人的年龄，具有成人的思维模式，希望自己在出国旅行中可以有所长进，那么无论他走到哪里、到哪个城市旅游，都可以大大方方地与当地的成功人士亲切交谈，彼此交往熟悉；这样的话，虽然一个绅士能够从旅行中得到好处，但是我还是要问，像我们这种由老师带队出门旅行的青年，他们能有几个有能力去拜会当地的上流人士呢？又怎能与成功人士攀谈、交往，从和他们的谈话中去学习属于他们国家的良好教养？观察其中有哪种值得遵循执行之物这些显然就更谈不到了。要知道，与这种人士谈一席话，会让一个年轻人"胜读十年书"。本来这也是不稀奇的，因为那些有身份地位的人是不会轻易与需要老师照顾的孩子热络起来的，然而一个具有相当风度和气质的年轻绅士以及异乡客人，如果迫切地想要了解当地的风俗、礼仪、法度、政治，他可以随时随地得到最优秀、最具有才能之人的无私帮助与热情款待；他们对于一个热情好问的外国人总是愿意诚心接待、鼓励，并显得平易近人的。

这种道理无论怎样实用，都敌不过传统的观念，这就只能让他们被迫在自己人生中的最不合适的阶段去完成旅行计划，而且着眼点也并不是看重他们的任何长进，这是我最担心的，要想改变这种沿袭已久的风俗是很难的。少男不能在8岁或10岁的阶段冒险出国，因为害怕稚嫩的孩子会遇上危险——虽然那时候的危险并没有16岁或18岁的时候多，甚至连十分之一的危险都没有。当然他也不能一直留在国内，**静静地**等待那个危险执拗的阶段过去，因为他必须保证在 21 岁的时候回国，结婚生子、传宗接代。当父亲心急如焚地要瓜分遗产，做母亲的也迫不及待地要再生个孩子作为她的玩物时，孩子也会有样学样，不论处于什么样的境地，只要一到年龄，便要找个合适的太太。虽然考虑到他的健康、才干或是为了后代子孙着想，推迟结婚并没有太大的实质性伤害，但他最好在年龄与学问方面都比自己的孩子要多一些，因为孩子如果发现他们与父亲的年龄差距太过接近的话，就会让父子双方都感到很尴尬。

结束语

　　我对于教育所秉承的诸多理念以及提出的解决方案，到目前为止可以告一段落了，但是我并不希望大家把我的这些文章当成是一篇关于教育题材的论文。教育上需要思考和讨论的事情还远不止这些，特别是当你需要去考虑儿童的不同特质、思想倾向、过失，要去对症下药的时候，更是如此。事情确实有着复杂的本质，需要一本厚厚的书才能写完，甚至一本书都是不够的。每个人的心理就像每个人的样貌一样各有特色，这也是区分人与人之间不同的地方；我们根本不能用同一种教育方法去教育两个不同特点的儿童，这是难以实现的。此外，我觉得一个尊贵的王子、一个富足的权贵，以及一个普通乡绅子弟，其教养方式也是参差不齐的。但是我在这里所提出的观点只是针对教育的主要结果和目的，提出一些仅供参考的意见，这些讨论和议题原是为一位绅士的儿子量身定制的，那个时候这位绅士的儿子年龄尚小，我只把他看成是一块未经雕琢的璞玉或是一张没有写字或涂色的白纸，可以随心所欲地刻画或雕琢成流行的样式，我在前面所提到的很多事情几乎都是发生在这位年轻绅士身上的。现在我决定将这些突然而至的想法告诉大家，同时怀着些许心愿——这本小册子虽然无法跟一篇完美的教育论文相媲美，也不能让每个人从书中恰好找到属于自己孩子的教育方法，不过我只希望这本小册子能在精神上给予那些疼惜自己孩子的人多一些启示，让他们在教育子女的问题上拥有勇气和智慧，遵循自己的理智，冒一些风险，不要完全遵照古老的习俗。